〔3STEP
シリーズ〕

3

論理学

大西琢朗=著

Series:
3STEP

Volume:
3

Logic

Text by:
ONISHI
Takuro

昭和堂

はじめに

　本書は，大学の教養〜専門初歩レベルの教科書として書かれている。まず
は，本書の主なターゲットである，大学の教養課程の授業で論理学を学ぶみな
さんに向けて，本書の性格と内容について説明したい。

　パラパラとめくってもらえればすぐわかるように，本書は，いわゆる論理的
思考を身につけるための教科書ではない。論理学という学問のあらましを，教
養として学んでもらうための本である。そして，論理学を専門にしたり，ある
いは仕事でバリバリ使うという人は少ない。みなさんの大部分にとっては，そ
の教養授業が，人生における論理学とのほぼ唯一の接点になるだろう（もちろ
ん，その後も何らかの形で付き合ってもらえれば，これにまさる喜びはないわけだ
が，現実としては，ということである）。

　では，この本でみなさんが論理学を学ぶ意味はどこにあるのか。一般論だ
が，教養で専門以外の科目を，あるいは将来の自分の進路とは関係の薄い科目
を学ぶ意義は，自分の"モノの見方"を多元化し，豊かにしておくという点に
あるだろう。さまざまな学問分野は，それぞれに独自のモノの見方を備えてい
る。例えば物理学には物理学の，社会学には社会学の，その分野ならではのモ
ノの見方がある。細かい知識はさておいて，そのようなモノの見方をざっくり
とでも知ることで，あなた自身のモノの見方は確実に豊かになるだろう。

　そういう意味では，教養の授業は，観光と近いかもしれない。あなたはそこ
に住むわけではないけれども，いくつかの場所を少し急ぎ足で回って，その街
の歴史を知り，その街での生活をいくらかでも体感する。自分の街に戻れば元
の生活が始まるが，別の街での暮らしを知ったいまでは，それはもはや文字通
りの元の暮らしとは感じられないはずだ。そのような変化が楽しくて，私たち
は観光に出かける。

　ということで，この本は"論理学シティ"のツアーガイドのようなものであ
る。街全体をくまなくカバーするのは難しいので，鉄板スポットは一応おさえ

た上で，あとはこのガイドのおすすめに従ってもらうことになる。少し癖があるかもしれないが，それはそれとして楽しんで帰ってもらえれば十分だし，次は他のガイドさんを試すのもありだろう。そして，もし万が一気に入ったら，この街に引っ越してきてくれてもかまわない。

　では，この論理学シティはどんな街なのか。論理学ならではのモノの見方とはどのようなものか。他の分野と関係させつつ，だいたいの俯瞰図を描いてみよう。本書で扱える範囲での俯瞰図であり，必ずしも網羅的なものを意図しているわけではないので，その点はご勘弁を。

　論理学は，人間の思考について，**推論の正しさ**（妥当性）という切り口から考える学問である。その探求の歴史は，古代ギリシャまで2000年以上遡ることができるが，現代的な論理学は19世紀から始まると言ってよい。そこで何重もの意味で関わってくるのが，数学である。

　まず第一には，現代の論理学は，数学的な手法で推論を分析するという意味での**数理論理学**（mathematical logic）である。それと同時に，その初期に主な分析対象となったのは，ほかならぬ数学における推論であった。その意味で，論理学は"数学についての数学"（メタ数学とも言う）という要素も含んでいる。さらに，そうした分析は，論理的な推論が，数の足し算や掛け算に似たある種の計算法則に従うものと見なせるということを示している。数の領域に限定されない"思考の計算"という発見は，私たちの生活にもはやなくてはならない，コンピュータの開発につながる。論理学は，計算機科学のもっとも基礎的な形態とも言えるのである。

　本書では本格的なメタ数学や計算論にまで踏み込むことはできないが，第Ⅰ部（第1〜7章）で学ぶ古典命題論理・様相論理・古典述語論理という3つのベーシックな論理を通じて，論理と数学，そして計算のあいだの興味深い関係の一端に触れてもらえることと思う。

　視点を転じると，私たちの推論は，何らかの言語によって表現される。それゆえ，論理学の数学化は，言語の構文や意味の数学的取り扱いをも含むことになる。本書のあちこちで言及するように，この点で，論理学は，言語哲学ないし哲学的な意味の理論や，言語学における形式言語理論や形式意味論などとも

関心を広く共有している。

　そしてもうひとつ，論理学が面白いのは，人間の思考が現実にどのように働き，どのように推論しているかという事実（だけ）ではなく，どのように思考するのが正しいのか，どのように推論するべきなのかという規範を問うところである。そして，おそらくはそれゆえに，論理学では哲学的な論争が生じる。何が正しい推論なのか，正しい論理とは何かをめぐって，見解を異にする諸派が並立し，争いを繰り広げる。

　この争いは主に，業界の "デファクトスタンダード" たる**古典論理**に対する**非古典論理**の挑戦という形をとる。第Ⅱ部（第8〜14章）では，いくつかの興味深い非古典論理を通じて，数学的手法をベースにしつつ哲学的な課題にアプローチする**哲学的論理学**（philosophical logic）の議論を学ぶ。

　このように論理学は，数学・計算機科学・言語学・哲学などの諸分野と密接に関係しつつ，そのいずれとも少しずつちがう仕方で，推論について考える学問である。本書を通じて，このような論理学的なモノの見方に親しんで，この街の暮らしも悪くないのではと感じてもらえれば何よりである。ちなみに，ガイドたる著者はこの街の中でも "哲学地区" 出身なので，ツアーの行き先はどうしてもそちら方面に偏っていることはご承知おきいただきたい。

　本書の使い方についてもう少し補足しよう。まず，大学の教員の方向けに言うと，半期の入門授業であれば，前半の第Ⅰ部で分量的にも内容的にもちょうどよいのではないかと思う。後半の第Ⅱ部は，その授業のなかで発展的な話題提供に使ってもらってもよいし，あるいは，哲学科の「論理学の哲学」の授業（もしそんなものがあれば，だが）に使ってもらえると，とてもありがたい。

　次に，独学の方にとっては，もしすでに大学で論理学の入門授業を受講していれば，一人でそれなりにすらすらと読めて，他方で新しい情報もそれなりに多く入っている，というバランスになっていると思う。まったく初めての独学となると少し難しいかもしれないが，一歩一歩進めば大丈夫なはずである。

　本書は，数学的な内容のあとにはその哲学的な意義を説明するパートがあり，哲学的な議論をしたあとにはそれを数学的に具体化するパートがくるという具合に，数学と哲学のあいだを行き来しながら進んでいく。どちらかのパー

トが苦手な方は，そこを軽くスルーして先に進めばあとで「そういうことだったのか」と展望が開けるかもしれないので，ある程度いい加減に読んでもらうのがよいだろう。

とはいえ，論理学の本は，定義をしっかり読み，自分で問題を解き，証明を追うというのが基本である。記号ばかりでややこしく見えたとしても，手を動かしてみれば案外すんなり理解できるものなので，とくに数学書を読み慣れていない方は "手を動かす" ということを意識しておいていただければと思う。

そして，この本を手にとったあなたがいつの時代の方かわからないが，これを書いているのはコロナパンデミックの真っ只中である。大学の授業のオンライン化に伴って，私も例に漏れず動画教材を制作するようになり，せっかくなので YouTube 上で公開している。公開している動画の内容は本書に準拠しているので，教員の方には本書と合わせて授業教材としてどんどん使っていただきたいし，独学の方にもぜひご活用いただければと思う（YouTube で "Takuro Onishi" と検索すれば出てきます）。

本書の限界についてもいくつか述べておかないといけない。論理学はふつう，**モデル論**と**証明論**の２本立てで展開されるが，本書はモデル論しか扱っていない。これは本書の大きな制約である。私としてはいつか，本書とペアになるような証明論の本が書ければと思っているが，叶わぬ夢かもしれない。とはいえ，いい教科書はすでに揃っているので，巻末の文献案内をぜひ参照してほしい。関連して，本書は教養レベルの教科書ということもあり，依拠している業績のすべてについて詳細な参照はつけられていない。巻末の文献案内も，オリジナルな業績よりは日本でのアクセスのしやすさを重視して選んでいるので，ご了承いただきたい。

本書の各章は，この教科書シリーズの形式に沿って，本文とケーススタディ，そしてアクティブラーニングという "３ステップ" からなる。ケーススタディは，本文に関連する応用的ないし発展的な話題を扱っている。コラム的に読んでもらえればけっこうである。アクティブラーニングは要するに練習問題だが，本文中で出題する確認レベルの問題と比べると，難易度的にも高く，文字通り自分でアクティブに考えてもらう問題になっている。そのなかでもさらに

難易度が高く，本書では説明していない方法も必要になるような問題は星印で示しているので注意してほしい。

　最後に謝辞を。最初の単著ということで，学部時代から博士課程までガマン強くご指導くださった伊藤邦武先生と出口康夫先生，そして学振 PD の引き受け先になっていただいた岡本賢吾先生，各先生からのこれまでの学恩に対し，改めて深く感謝申し上げたい。京都大学の後輩である伊藤遼，五十嵐涼介，白川晋太郎，澤田和範，小林武史，小林惟人，吉井達哉の各氏には，本書の原稿の検討会を通じて，有益な助言を多数いただいた。ありがとうございました。また，本書は，京都大学文学部で開講している哲学演習の講義ノートに基づいている。鋭い反応でいつも驚かせてくれる学生のみなさんにも感謝します。最後になってしまったが，昭和堂の松井久見子さんには，企画段階から終始温かくサポートをいただき，手間のかかる記号の組版にもしっかり対応いただいた。どうもありがとうございました。
　　2021年7月

大西琢朗

目　　次

第Ⅱ部　正しい論理を求めて

••

第Ⅰ部

計算と表現

第1章

古典命題論理(1)
論理式で計算する

———

　最初の2章，すなわちこの章と次の章では，もっともシンプルかつベーシックな論理である**古典命題論理**を学ぶ。本書ではさまざまな「〇〇論理」が出てくるが，それらはすべて，この論理を拡張したり改変したりすることで得られる。その意味で，以下の2章は本書全体の議論の準備でもある。ぜひここで，論理学の基本的な概念や議論の仕方に慣れ親しんでほしい。

　本章ではまず，論理学とは何をする学問なのかをかんたんに紹介したあと，メイントピックとして**論理式**の概念を扱う。論理式は，数学における数式を模して作られた人工言語である。数式が数の計算を明確に表現してくれるのに対し，論理式は論理的な計算を表現し，それを通じて，推論の正しさを機械的に判定することを可能にしてくれる。論理式の文法的な成り立ちを少し詳しく見たあとは，論理式のもつ値である**真理値**の計算を学ぶ。それをもとに次章では，推論の正しさの概念，すなわち**妥当性**の概念を導入する。

KEYWORDS　#古典命題論理　#論理式　#真理値

1｜論理学の仕事

　本題に入る前に，（本書で扱う範囲での）論理学とはどのような学問であるか，説明しよう。論理学は**推論**，とくに**形式的に妥当な推論**（formally valid inference）についての学問である。まず**推論**（inference）とは，例えば，

(1)
> （前提1）（動機から言って）犯人はこの2人の少なくともどちらかだ
> （前提2）（アリバイがあるので）犯人はこいつではない
> ─────────────────────────────
> （結論）　それゆえ，犯人はあいつだ

のように，いくつかの前提（premise）から結論（conclusion）を導き出す行為（ないしそのように関係づけられた前提と結論の組み合わせ）である。

　推論には正しいものと間違ったものがあり，推論の正しさのことを論理学では**妥当性**（validity）という。上の推論はふつう妥当な推論と見なされるだろう。対して，

(2)
> （前提1）（動機から言って）犯人はこの2人の少なくともどちらかだ
> （前提2）（証拠が出たので）犯人はこいつだ
> ─────────────────────────────
> （結論）　それゆえ，あいつは犯人ではない

は妥当ではないだろう。この見立てには同意してもらえるとして，では両者のちがいはどこにあるだろうか。

　それを説明するには，**命題の真偽**という概念を使うのがよい。**命題**とは，推論の前提になったり結論になったりするもののことである。要するに，「犯人はこいつだ」のような文，あるいはそのような文が表現している意味内容のことである。ある命題の表現しているとおりの事実が成り立っているなら，例えば"こいつ"がじっさいに犯人であるなら，その命題は**真**（true）である。そのような事実が成り立っていないなら，その命題は**偽**（false）である。

　以上を踏まえて，推論(1)と(2)のちがいは次のように説明できるだろう。(2)は，2つの前提が真であるからと言って，結論が真になるとはかぎらないような推論である。その事件が同じ動機をもつ2人の共犯だった場合を考えてみよ

う。そのような状況のもとでは，(2)の前提は真なのに，結論は真ではなく偽に
なる。対して，(1)にはそのような状況はありえないはずである。前提が真であ
れば結論は偽ではありえない。前提が真ならば結論もまた必ず真である。これ
が妥当な推論と非妥当な推論のちがいである。あとでちゃんと定義するが，こ
こでいったんまとめておこう。

推論が妥当 = 前提は真だが結論は偽，という状況はありえない

　　　　　 = 前提が真ならば結論もまた必ず真

　さて，こんどは(1)を次の推論と比較してみよう。

(3)
　　　（前提１）故障の原因は無茶な運転か経年劣化のどちらかだ
　　　（前提２）無茶な運転はしていない
　　　―――――――――――――――――――――――――――――
　　　（結論）　それゆえ，故障の原因は経年劣化だ

　この推論も妥当，つまり前提が真ならば結論は真のはずである。ここで，(1)
と(3)は同じパターンにしたがっていることに気づくだろう。両者は，

　　　（前提１）A か B のどちらかだ
　　　（前提２）A ではない
　　　―――――――――――――――――――――――
　　　（結論）　それゆえ，B だ

と記号化できるようなパターンをしているのである。そして，A や B に何が
入ろうとも，このパターンをした推論はいつでも妥当になるはずである。

　つまり，推論(1)や(3)が妥当であるのは，それぞれの推論に固有の内容（犯人
についてとか故障についてとか）によってではなく，それらのもっているパター
ンによって，である。論理学で使われる用語で言えば，それらはその形式
（form）をもっているがゆえに，妥当なのである。このような，前提や結論の
形式によって妥当な推論を，**形式的に妥当な推論**と呼ぶ。これが，論理学の研
究対象である。そして，形式的に妥当な推論とは一般にどのようなものであ
り，それは妥当でない推論とどのように区別されるのか，その規準を立てるの
が，論理学の第一の仕事である。

2│古典命題論理の形式言語

　論理学の仕事は，形式的に妥当な推論の規準を定めることである。それにあたってはまず，推論の前提や結論のもっている"形式"を明確に表現する必要があるだろう。そのために論理学では，日本語や英語のような自然言語ではなく，その語彙や文法が比較的シンプルに，そして明確に定義された人工的な**形式言語**（formal language）を用いる。

　論理学の形式言語は，数学で用いられる数式，とくに文字式を模した**論理式**を用いる。上の推論の例では，命題の内容の部分は A や B などの文字に置き換えられ，残った「…か…のどちらかだ」とか「…ではない」のような部分が命題の形式を形作る。後者の部分を，**論理演算子**（logical operator）と呼ぶ（論理語とか論理定項とも呼ばれる）。数学においては足し算＋や掛け算×のような演算子が x や y のような文字と組み合わさって文字式ができるように，文字と論理演算子が組み合わさって論理式ができる。

　以下では，**古典命題論理**の形式言語を定義する。これから見るさまざまな論理ごとに言語は変わっていくが，定義のパターンは同じである。

2.1　語彙と文法

定義 1（語彙）　古典命題論理の言語は次の語彙からなる。

- 命題変項（propositional variables）：$p, q, r \cdots$
- 演算子（operators）：¬, ∧, ∨, →
- 補助記号（カッコ）：(,)

　演算子それぞれの名前と読み方は次のとおりである。

	名前	読み方
¬	否定（negation）	…でない（not）
∧	連言（conjunction）	かつ（and）
∨	選言（disjunction）	または，のどちらか（or）
→	含意（implication）	ならば（if…then）

　以上が，古典命題論理の言語のいわば"単語集"である。次は，そうした単語をどのように組み合わせれば論理式（自然言語の文に当たる）ができるかを定める，いわば"文法"である。

　定義 2（論理式）　命題論理の**論理式**は次のように帰納的に定義される。

　　1. 命題変項 $p, q, r, \cdots$ はすべて論理式である。

　　2. A と B が論理式ならば，

$$\neg A, \quad (A \wedge B), \quad (A \vee B), \quad (A \to B)$$

　　も論理式である。

注意　論理式のもっとも外側のカッコは省略する。例えば $(A \to (B \vee \neg C))$ はたんに $A \to (B \vee \neg C)$ と書く。それ以外のカッコは省略しない。

　大文字の $A, B, C \cdots$ は任意の論理式を表す。それゆえ例えば，$A \vee B$ と書いたら，それは何か特定の論理式ではなく，

$$p \vee q, \quad \neg p \vee q, \quad (p \wedge q) \vee \neg r, \quad (p \vee p) \vee (p \wedge (q \wedge r)), \cdots$$

などの"□∨△"という形をした論理式全般を表すものと考える。

　論理式の読み方を説明しておこう。

例1　p が「ヨシミは運転免許証を持っている」を，q が「ヨシミはパスポートを持っている」を，r が「ヨシミは申し込みができる」を表すとしよう。これは，p, q, r という変項（数式で言えば x, y のような変数だ）にこれらの日本語の命題を"代入"するということにあたる。このとき，以下の論理式は次のような命題を表すことになるだろう。

$\neg p$ = ヨシミは運転免許証を持っていない

$p \wedge q$ = ヨシミは運転免許証を持っており，かつ，パスポートを持っている

　　 = ヨシミは運転免許証もパスポートも持っている

$p \vee q$ = ヨシミは運転免許証を持っているか，パスポートを持っているかのどちらかである

　　 = ヨシミは運転免許証かパスポートのどちらかは持っている

$p \rightarrow r$ = ヨシミが運転免許証を持っているならば，申し込みができる

　$\wedge$ は基本的に，文と文をつなぐ「かつ」と対応するが，上の例のように，述語と述語をつなぐ「かつ」や，名詞と名詞をつなぐ「も」などとしても読める。ここでは，それらの細かなニュアンスの違いは気にせず，同じ内容をもっているものとして扱う。$\vee$ についても同様である。

　ところで，ここでの論理式の最小単位は自然言語の単文にあたる命題変項であり，その内部構造は無視される。例えば上の例では，日本語の3つの命題は「ヨシミ」という共通の構成要素をもっているが，論理式では p, q, r となって，その共通性は反映されていない。このように，命題変項を最小単位とする論理式のもとで定義される論理を一般に**命題論理**と呼ぶ。本書で扱うのは，第5 ～ 7章の古典述語論理を除いてすべて命題論理である。

2.2　帰納的定義

　先の論理式の定義2で用いられている**帰納的定義**（inductive definition）は，論理学においてもっとも重要な手法のひとつである。あまり深入りはしないが，この定義の内容をもう少しだけ敷衍するとこうなる。

　一般に，論理式とは，命題変項を材料として，それらを演算子で順次組み合わせてできるものである。定義2によれば，まず，命題変項は，そのような組み合わせのうちでもっとも単純なものとして，それ自体で論理式であると見なされる（第1項）。そして，それ以外の論理式はすべて，"既存"の論理式から作られる（第2項）。つまり，論理式は次のような段階的なプロセスを経て形成される。

- 最初の段階では，命題変項が論理式であると認められる。
- 次の段階では，すでに論理式と認められた命題変項を用いて，

$$\neg p,\ p\wedge q,\ q\vee r,\ r\to r,\cdots$$

などが新たに論理式として形成される。

- さらに次の段階では，前段階までに形成された論理式を利用して，もう一段複雑な論理式が形成される。

$$\neg\neg p,\ \neg(p\wedge q),\ (p\wedge q)\to(q\vee r),\ p\vee(r\to r),\cdots$$

などである。

　このようにしてできる論理式はいずれも，その形成プロセスを（一意に）指定できる。例えば $(p\wedge q)\to(q\vee r)$ は，

1．命題変項 p,q,r は論理式だ（定義2第1項）
2．論理式 p,q から $p\wedge q$ を形成する。これは論理式だ（定義2第2項）
3．論理式 q,r から $q\vee r$ を形成する。これも論理式だ（定義2第2項）
4．論理式 $p\wedge q$ と $q\vee r$ から $(p\wedge q)\to(q\vee r)$ を形成する。これも論理式だ

（定義2第2項）

というプロセスで形成される論理式である。

　このプロセスには際限はなく，いくらでも複雑な論理式を形成することができる。ちょうど自然数を0から始めて，1, 2, 3, 4, …と，"既存"の n に+1をすることで $n+1$ を得る操作を，無際限に加え続けられるのと同じである。帰納的定義の「帰納」とは数学的帰納法のそれにほかならない。

　他方，どの論理式も必ず，上に例示したようなプロセスによって形成される。言い換えれば，形成プロセスを指定できないようなものは論理式ではない。ちょうど任意の自然数 n が，0に+1を n 回続けた数として，

$$n=\underbrace{0+1+\cdots+1}_{n\text{個}}$$

と表せ，反対にこのように表せないものは自然数ではないのと同じである。

問題1 命題変項 p だけを用いて考える。上の段階的プロセスで考えるなら，最初の段階で論理式として認められるのは p だけであり，次の段階では，

$$\neg p, p \wedge p, p \vee p, p \to p$$

が論理式として形成される。次の第3段階で新たに形成される論理式はどのようなものになるか，考えなさい。

2.3　論理式の構造

　論理式を形成している記号に注目してみると，数学における文字式との対比は明らかだろう。文字式は，x, y, z といった**変数**から＋や×のような**演算子**を使って形成される（変数はもっとも単純な文字式でもある）。同様に，論理式は命題変項から論理演算子を使って形成される（命題変項はもっとも単純な論理式でもある）。

	数学	論理学
変数・変項	$x, y, z, \cdots$	$p, q, r, \cdots$
演算子	＋, ×, － （マイナス）など	$\wedge, \vee, \to, \neg$
数式・論理式	$x+y, -(x \times z) \div y, \cdots$	$p \vee q, \neg(p \wedge r) \to q, \cdots$

　両者に共通するものとして（というか論理式が倣っているわけだが），カッコの使い方がある。カッコは式の構造を表し，それが計算の順序に，そして計算結果に影響を与える。カッコの表す式の構造は，次のような木の形でも表すことができる。次は $p \wedge (q \vee \neg r)$ という論理式の構造を表す木である。

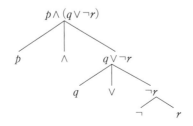

問題2　この例を参考に，次の論理式の形成プロセスを，同じように木の形で表しなさい。

(1) $(\neg p \wedge q) \rightarrow r$

(2) $\neg(p \wedge q) \rightarrow r$

(3) $\neg p \wedge (q \rightarrow r)$

(4) $\neg((p \wedge q) \rightarrow r)$

(5) $\neg(p \wedge (q \rightarrow r))$

ここで，以下でときどき使う概念を（インフォーマルに）定義しておく。

定義3　ある論理式 A の構造を表す木に登場する論理式を，A の**部分論理式**（subformula）と呼ぶ。A それ自身以外の A の部分論理式を，A の**真部分論理式**（proper subformula）と呼ぶ。

例2　$p \wedge (q \vee \neg r)$ の部分論理式は，

$$p, \quad q, \quad r, \quad \neg r, \quad q \vee \neg r, \quad p \wedge (q \vee \neg r)$$

である。$p \wedge (q \vee \neg r)$ もそれ自身の部分論理式であることに注意しよう。真部分論理式は，それ以外ということになる。

3│付値・モデル

　推論の前提や結論を論理式で表すのは，まず第一にその形式を明確に表現するためであるが，さらには，それを使って計算をするためである。以下では，論理式が表す値である真理値とその計算方法を学ぶ。

3.1　真理値

　$x + y$ のような文字式はそれ自体では値をもたず，変数 x, y に何らかの値（数）を代入することで，全体の値が決まる。論理式も同じような発想だとすれば，例えば $p \wedge q$ の値は，命題変項 p, q に何らかの値を代入することで決ま

るということになる。数式の場合，代入する値も式全体の値も数である。では，論理式の場合の値とは何だろうか。

例1で見たように，命題変項は自然言語の何らかの命題を"代入"するものと考えられるので，要するに論理式の値は命題だ，と考えるのがまずは自然である。しかし，あれはじっさいには，日本語をただ記号化しただけのものであって，"計算"へのつながりは見えにくい。もう一段の単純化・抽象化が必要である。

妥当な推論とは，前提が真ならば結論は偽でありえないような推論のことであった。推論の妥当性を定義するのに重要なのは「真」と「偽」の概念である。そこで思い切り単純化・抽象化して，さまざまな命題のもっている情報は，本質的にその「真」「偽」だけだと考えてみる。例えば「ヨシミは18歳である」と「ヨシミは選挙権をもっている」は，それぞれ異なる内容をもつ命題だが，その内容のことは忘れて，それらが真なのか偽なのかだけに注目する，ということである。両方とも真，あるいは両方とも偽なら，両者はある意味で同じものであり，真偽が食い違うならそれらは別だと考える。

つまり，命題変項に代入すべき値，そして論理式全体のもつ値とは，命題ではなく，それを単純化・抽象化した真あるいは偽という2つの値のいずれかだと考えるのである。次のように定義しよう。

定義4　数1，0を**真理値**（truth-value）と呼ぶ。1は真を，0は偽を表す。

1と0を使っているのは便宜的なもので，漢字で真・偽でもよいし，T, F あるいは t, f などでもよい。

・・・
3.2　付値

次は，真理値の計算方法を定義しよう。

定義5（付値）　各命題変項に対して1（真）か0（偽）のどちらかを割り当てる関数を，古典命題論理の**付値**（valuation）ないし**モデル**（model）と呼ぶ。付値は v, v_1, v_2 などの文字で表す。

> 付値 v が命題変項 p に 1 を割り当てるなら $v(p) = 1$ と書き，「p は付値 v のもとで真」「p はモデル v において真」などと言う。v が q に 0 を割り当てるなら $v(q) = 0$ と書き，「q は付値 v のもとで偽」「q はモデル v において偽」などと言う。

「付値」は漢字が表すとおり，各変項に値を付与するということだが，付値がまた「モデル」とも呼ばれるのは，次のような意味がある。

例 3　例えば，p と q という 2 つの命題変項だけを考えるなら，可能な付値は次の 4 通りである。

	p	q
v_1	1	1
v_2	1	0
v_3	0	1
v_4	0	0

ここで先の例 1 と同じく，p が「ヨシミは運転免許証を持っている」を，q が「ヨシミはパスポートを持っている」を表すとしよう。すると，上の 4 つの付値はそれぞれ次のような状況を表すものと解釈できる。

- v_1：ヨシミが運転免許証もパスポートも持っている状況
- v_2：運転免許証は持っているが，パスポートは持っていない状況
- v_3：運転免許証は持っていないが，パスポートは持っている状況
- v_4：運転免許証もパスポートも持っていない状況

命題変項への付値は，世界の中でどのような事態が成り立っていて，どのような事態が成り立っていないかを指定する。もちろん，現実の世界がそのとおりになっているとはかぎらないので，これはそのような世界のあり方を仮想的に考える，いわば世界の"模型（モデル）"を作るということである。

とはいえ，このような 1 と 0 の羅列だけでは，ちょっと模型には見えないかもしれない。今後，論理が複雑になっていくにつれ，モデルも複雑になり，よ

り模型らしく見えるようになるので，ここではそんなものかと思ってもらえれ
ば十分である。

さて次は，命題変項への付値から複合的な論理式全体の真理値を計算する方
法である。

定義6（複合式の付値）　任意の付値 v は，次のように帰納的に，すべての論理
式に1か0のどちらかを割り当てる関数へと拡張される（拡張された関数も同
じく v と表す）。

$$v(\neg A) = 1 \Longleftrightarrow v(A) = 0$$
$$v(A \wedge B) = 1 \Longleftrightarrow v(A) = 1 かつ v(B) = 1$$
$$v(A \vee B) = 1 \Longleftrightarrow v(A) = 1 または v(B) = 1$$
$$v(A \to B) = 1 \Longleftrightarrow v(A) = 0 または v(B) = 1$$

（$\Longleftrightarrow$ は「左辺が成り立つのは右辺が成り立つときであり，そしてその逆も成り
立つ」ということを意味する。）

論理式への付値は1か0のどちらかなので，1でなければ0である。上の条
件を0になる条件として言い換えると次のようになる。

$$v(\neg A) = 0 \Longleftrightarrow v(A) = 1$$
$$v(A \wedge B) = 0 \Longleftrightarrow v(A) = 0 または v(B) = 0$$
$$v(A \vee B) = 0 \Longleftrightarrow v(A) = 0 かつ v(B) = 0$$
$$v(A \to B) = 0 \Longleftrightarrow v(A) = 1 かつ v(B) = 0$$

複合式の付値の定義は，次のような真理値表（truth-value table）によって表
すことができる。

A	$\neg A$	A	B	$A \wedge B$	$A \vee B$	$A \to B$
1	0	1	1	1	1	1
0	1	1	0	0	1	0
		0	1	0	1	1
		0	0	0	0	1

　否定￢は真理値を反転させる演算子である。連言$A \wedge B$は，AとBの両方が真のときだけ真になるのに対し，選言$A \vee B$はAとBの少なくとも一方が真ならば真になる。両方が真のときも真になることに注意しよう。日本語の「または」や「どちらか」は，このような**非排他的選言**を意味することもあれば，両方が真のときは偽になる**排他的選言**を意味することもある。ここでは前者に取り決めているということである。よくわからないのは含意だろう。「AならばB」が偽になるのは，Aが真でBが偽のときであり，それ以外のときは真である。このような定義になる理由は後で説明することにしよう。

• • •

3.3　論理式の構成にかんする帰納法

　定義6は，複合的な論理式（例えば$A \wedge B$）の真理値を，その部分論理式（AとB）の真理値から計算する方法を与えている。これを踏まえれば，どのような論理式であっても，それが命題変項から演算子によって形成されるプロセスに沿って，与えられた付値のもとでの真理値を計算することができる。このような定義の仕方を一般に，論理式の帰納的な構造に沿った定義という意味で，**論理式の構成にかんする帰納法**による定義と呼ぶ。

　と説明したものの，じっさいに真理値を計算するときには，このようなことは意識せず，数式で足し算や掛け算を計算するように計算できるはずである。じっさい，以上で見てきた論理式やそれに対する付値の定義の仕方は，私たちが数式を使って無自覚に行っている（行えている）ことをあえて明示的にした，という性格のものである。

問題3　$v(p) = 1$, $v(q) = 0$, $v(r) = 1$であるとする。このとき，次の値を求めなさい。

(1)　　　　　　　　　　　$v(p \wedge (q \vee \neg r))$

(2)　　　　　　　　　　　$v(\neg q \rightarrow \neg p)$

(3)　　　　　　　　　　　$v(\neg(p \vee q) \rightarrow r)$

(4)　　　　　　　　　　　$v(((p \rightarrow q) \rightarrow q) \rightarrow q)$

Case Study │ ケーススタディ1

「計算」と「表現」
現代論理学の2つのモチベーション

　論理学という学問は，古代ギリシャの哲学者アリストテレス以来，2000年以上の歴史をもっている。ただし，本書で紹介するのは，19世紀から急速に発展した現代的な論理学である。ここでは，現代の論理学を動機づけている2つのテーマを導入し，第I部で学ぶ古典命題論理・様相論理・古典述語論理という3つの論理を眺めるひとつの視座としたい。その2つのテーマとは計算と表現である。

　論理学を駆動しているひとつの動機は，推論の妥当性の規準を立てるだけでなく，推論を計算したいというものである。私たちがアタマをひねって考えるのではなく，機械（コンピュータ）にやらせたいということである。人間の思考のあらゆる側面をコンピュータがシミュレートし，さらには人間を凌駕するようになりつつある現代では「何をいまさら」かもしれないが，このような時代を招来したひとつの要因が，まさにここにあるのである。

　計算と言えば，まず第一に数の計算であろう。数の計算は式で表現でき，規則に従った機械的な手続きで答えを導き出せる。筆算をイメージしてもらえればよい。1桁の足し算や掛け算さえ覚えておけば，あとはそれを組み合わせるだけで，いくらでも大きな数の足し算や掛け算でも計算できる。このような意味での計算が，推論にかんしてもできないか。推論というのは，人間の思考のベーシックな作用だから，「思考の計算」と言ってもよい。数だけでなく，思考一般を，規則に従った機械的な手続きで計算できないか。

　現代論理学の最初期の業績である G. ブールの『論理の数学的分析』（1847）は，まさにこのような「思考の計算」プロジェクトの具体的な第一歩と言える。彼は，連言や選言，否定などを，和や積などの数の計算になぞらえつつ式で表現し，それら論理演算が従う代数的法則を探求した。

　「推論を計算する」と言っても（これ自体ちょっと変な言い方ではある），いろ

いろな意味がありうるが，このあと本書で扱うのは「すべての推論の妥当性は機械的に判定可能か」という決定問題である。これに対してはじつは否定的な解決が与えられるのだが，それについては古典述語論理のパートで見る。

　第二のテーマは表現である。例えば，相対性理論に現れる $E=mc^2$ という数式は，たんにそれを使って計算ができるというだけでなく，この世界のあり方の表現にもなっている。すなわち，この世界におけるエネルギー（E）と質量（m）と光速度（c）のあいだの関係を表現している（らしいです）。

　ただ，数式だけでは表現できないような関係，状況も多くある。例えば，「どんな数にもそれよりも大きな数が存在する」。アタマの中に数がずらっと並んでいる状況が思い浮かんだのではないかと思うが，この状況を，数式だけで表現するのは難しそうだ。例えば「$x<y$」とだけ書いても，言いたいことは十分に表現できない。

　とすれば，次のように考えるのが自然だろう。式による計算を数の世界から思考一般へと拡張するように，式による表現も数式を越えたところにまで拡張できるのではないか。G. フレーゲは，まさにこの「表現」というスローガンを掲げて革新的な著作『概念記法』（1879）を出版し，現代論理学の爆発的な発展への道を切り開いた。そこでのポイントは，上の例でも現れている「どんな…にも」や「存在する」といった量化子の扱いである。量化子については，以降の様相論理や述語論理で詳しく見ることになる。

　さらにおもしろいことに，現代論理学を駆動する両輪とも言える計算と表現のあいだには，トレードオフの関係がある。すなわち，計算がかんたんにできるということは表現力が弱いということであり，反対に，より多くのことを表現しようとすれば，論理は機械的な計算の範囲を越え出てしまう。これから学ぶ3つの論理に，この計算と表現の微妙な関係を見てとることができる。

Active Learning ｜ アクティブラーニング 1

Q.1

いろいろな意味での推論の正しさを考えよう

___

　本章の最初で定義した意味で妥当とは言えないが，すなわち，前提が真ならば結論も必ず真とは言えないが，何らかの意味で正しいと言えるような推論の例を，できれば複数の種類，考えなさい。ヒント：「演繹」「帰納」「アブダクション」という言葉を調べるところから始めよう。

Q.2

いろいろな意味での妥当性を考えよう

___

　本章の最初で定義した意味で妥当ではあるが，形式的に妥当とは言えない推論の例を考え，それが何によって妥当になっているのか，考えなさい。ヒント：例えば，

$$\frac{\triangle ABC \text{ は正三角形である}}{\text{それゆえ，} \triangle ABC \text{ のすべての辺の長さは等しい}}$$

は妥当であるが，これは何によって妥当なのだろうか。

Q.3

可能な世界のあり方とは

___

　例3で見たように，p, q という2つの命題変項への付値は4通りある。しかし，日本語による解釈によっては，付値のいずれかが可能な世界のあり方を表現していない場合もある。例えば，$p =$「ヨシミは東京にいる」，$q =$「ヨシミは京都にいる」とするなら，$v(p) = 1$，$v(q) = 1$ は世界のあり方としては不可能である。他の3通りの付値を不可能にするような解釈を考えなさい。

第2章

古典命題論理(2)
推論の妥当性

————

　前章に引き続き，古典命題論理を学ぶ。まず，前章で定義した論理式の真偽の概念をもとに，**推論の妥当性**の概念を定義し，そして，与えられた推論の妥当性，あるいは非妥当性を証明する方法を学ぶ。その証明の方法はきわめて機械的であり，それに従って手順を踏めば必ず答えの出る手続き，すなわち**アルゴリズム**を与えている。つまり，推論を計算するという論理学の理想が，ここではある意味で実現されているのである。ただし，計算についての議論はこれで終わりではなく，古典述語論理の章へと引き継がれる。

　章の後半では，いくつかの代表的な論理法則と，典型的な論理的誤謬を取り上げ，古典命題論理がそれらをちゃんとそれぞれ妥当，非妥当と判定すること，つまり妥当性の判定規準として一定程度信用しうることを確認した上で，それでも，直観的に受け入れられない部分がいくつか含まれていることを指摘する。これが，古典命題論理を批判し，改訂し，より"正しい"論理を作るという，第Ⅱ部のモチベーションとなる。

0KEYWORDS　#推論の妥当性　#アルゴリズム

1｜妥 当 性

　前章で論理式の真理値の概念を定義したので，それをもとに，推論の妥当性の概念を定義しよう。すでに述べたように，妥当な推論とは，前提が真ならば結論は偽ではありえないような推論のことであった。以下の定義はそれを数学的に明確化しただけである。

定義 1（妥当性）　$X \cup \{A\}$ を古典命題論理の論理式の集合とする。ある付値 v が，

$$\text{すべての } B \in X \text{ について } v(B) = 1, \text{ かつ } v(A) = 0$$

を満たすとき，v を前提 X から結論 A への推論に対する**反例モデル**（counter model）と呼ぶ。反例モデルが存在しないとき，すなわち任意の付値 v について，

$$\text{すべての } B \in X \text{ について } v(B) = 1 \text{ ならば，} v(A) = 1$$

が成り立つとき，前提 X から結論 A への推論が**妥当**である，あるいは X から A が**帰結**すると言い，$X \vDash A$ と書く。推論が妥当でないとき（反例モデルが存在するとき）は，$X \nvDash A$ と書く。

注意　ひとつ表記上の約束をしておく。推論の妥当性は，論理式の集合（前提）と，ひとつの論理式（結論）のあいだの関係である。それゆえ，例えば前提の集合 $\{B_1, \cdots, B_n\}$ から結論 A への推論が妥当なときは，本来は，

$$\{B_1, \cdots, B_n\} \vDash A$$

と書かなくてはいけない。しかし以下では，集合の記法のカッコ $\{, \}$ は省略して

$$B_1, \cdots, B_n \vDash A$$

と書く。また，$X, B \vDash A$ は，$X \cup \{B\} \vDash A$ を意味するものとする。
　以上の定義にもとづいて，推論の妥当性・非妥当性を証明してみよう。あとで説明をするので，まずは以下の例をざっと見てみてほしい。

例 1

$$p \rightarrow q, q \rightarrow r \models p \rightarrow r$$

証明　この推論に対する反例モデルが存在すると仮定する。すなわち,

$$v(p \rightarrow q) = 1, \ v(q \rightarrow r) = 1, \ v(p \rightarrow r) = 0$$

となる付値 v が存在すると仮定する。

　このとき,前章定義6を参照すると,$v(p \rightarrow r) = 0$ より $v(p) = 1$ かつ $v(r) = 0$ である。$v(p) = 1$ なので,$v(p \rightarrow q) = 1$ が成り立つためには,$v(q) = 1$ でなければならない。するとこのとき,$v(q \rightarrow r) = 1$ より $v(r) = 1$ である。しかしこれは $v(r) = 0$ に矛盾する。したがって,反例モデルが存在するという仮定は誤りである。つまり,反例モデルは存在せず,元の推論は妥当である。　　　□

例 2

$$(p \wedge q) \rightarrow r \not\models p \rightarrow r$$

証明　反例モデル v が存在するとすれば,それは,

$$v((p \wedge q) \rightarrow r) = 1, \ v(p \rightarrow r) = 0$$

を満たさなければならない。このうち $v(p \rightarrow r) = 0$ となるためには,$v(p) = 1$,$v(r) = 0$ でなければならない。この条件のもとで $v((p \wedge q) \rightarrow r) = 1$ を満たすには,いま $v(r) = 0$ としているので,$v(p \wedge q) = 0$ でなければならない。そして $v(p) = 1$ としているので,$v(q) = 0$ でなければならない。そして以上の p, q, r の付値のもとでは,じっさい,$v((p \wedge q) \rightarrow r) = 1$ かつ $v(p \rightarrow r) = 0$ となるはずである。つまり,v は問題の推論に対する反例モデルである。　　　□

　気分としては,方程式の解を求めるのと似ている。方程式,例えば $x^2 + 2x + 1 = 0$ を解くとは,この等式を満たす x の値を求めることである。推論の妥当性・非妥当性を証明するのは,前提を1にし,結論を0にする付値(命題変項の値)を求めることである。そのような付値が存在すれば推論は非妥当,存

在しなければ妥当である。後者は，解をもたない方程式に相当する。

　推論をいわば「解く」ための，すなわち推論の妥当性を判定するための戦略は次のようにまとめられる。

■**妥当性の判定方法**　判定すべき推論が与えられたら，

1. 前提がすべて1で，結論が0となるような反例モデルが存在すると仮定する。
2. それぞれの論理式が当該の真理値をとる条件を，前章定義6に従って，その真部分論理式にかんする条件に分析する。
   - 例えば $v(A \wedge B) = 1$ なら，$v(A) = 1$ かつ $v(B) = 1$ でなければならない。
3. 分析が進むと，論理式はどんどん単純になり，最終的に命題変項に対する付値が定まってくる。
⇒ 分析の途中で矛盾が生じたなら，具体的には，何らかの論理式 B に対して $v(B) = 1$ かつ $v(B) = 0$ となる状況が生じたら，当該の推論に対する反例モデルは存在しない（存在するという仮定が誤り）ということであり，それゆえ推論は妥当だと言える。
⇒ 分析の結果，前提と結論のなかに現れるすべての命題変項に対して1か0を矛盾なく割り当てられたなら，それが反例モデルを構成する付値であり，そのとき当該の推論は非妥当である。

問題1　次の推論が妥当であるかどうかを考え，妥当なときにはそれを証明し，そうでないときは反例モデルを提示しなさい。

(1) $\qquad\qquad\qquad p{\to}q,\ r{\to}q \vDash (p \vee r){\to}q$

(2) $\qquad\qquad\qquad (p{\to}q){\to}q \vDash q$

(3) $\qquad\qquad\qquad p{\to}(q \wedge r), \neg r \vDash \neg p$

(4) $\qquad\qquad\qquad \neg(p \wedge q) \vDash \neg p \vee \neg q$

(5) $\qquad\qquad\qquad p \vee q \vDash \neg(p \wedge q)$

2｜決定可能性

例や練習問題を通して気づいたことと思うが，古典命題論理の妥当性は，すぐ上で述べた方法によって，かなり決まりきった手続きで判定することができる。いったん覚えてしまえば，ほとんど考える必要もなく答えが出てしまうはずである。このような手続き，すなわち，与えられた問題に対して，予め定められた機械的な操作を順次適用していくことで答えを出力できるような手続きのことを，一般に**アルゴリズム**（algorithm）という。

アルゴリズムの典型例として挙げられるのは，最大公約数を求めるユークリッドの互除法のような，数的な計算手続きである。しかし，20世紀前半に計算の概念が数学的に定義され，確立されるにあたって，アルゴリズムの概念は，数的な計算にかぎらない，一般的な機械的手続きをも含むようになる。その計算概念の確立にあたっては，じつは論理学も大きな役割を果たしているのだが，それについては後で述べる。

ある問題に対して，つねに正しい答えを出力できるアルゴリズムが存在するとき，その問題は**計算可能**（computable）であると言う。また，想定される答えが「yes」「no」の２択であるような問題を一般に**決定問題**（decision problem）と呼ぶ。すると，任意の与えられた推論がある論理において妥当かどうかを判定する問題は決定問題の一種にほかならないわけだが，そのような決定問題が計算可能であるとき，その論理は**決定可能**（decidable）であるという。そして，古典命題論理については次が成り立つ（注意：ここでは前提の集合 X が有限の場合のみを考える）。

定理1　古典命題論理は決定可能である。

すでに述べたように，上で紹介した判定方法（**分析的反証法**と呼ばれる）が，決定問題に対するひとつのアルゴリズムを与えている。厳密に証明しようとするならアルゴリズムの概念の定義から始めなければならないが，ここでは省略してよいだろう。ポイントは次の２つである。

　まず，アルゴリズムは機械的操作，すなわち，人間の勘や経験則などを必要としない操作からなる。推論の前提と結論を，明確に定義された論理式で表したことがここでは効いている。数式が数の機械的計算を可能にする媒体であるように，論理式も“推論の計算”を可能にする媒体として機能するのである。

　もうひとつ重要なポイントが，有限性である。アルゴリズムは有限回のステップのあとに停止して答えを出力しなければならない。分析的反証法の場合，前提や結論の真偽の条件の分析が必ず有限回のステップで終わる，ということが，アルゴリズムの有限性を保証している。ある論理式が真（あるいは偽）になる条件は，その論理式の真部分式の真理値によって定義されており，かつ分析される論理式の複雑さは有限なので，分析は必ず有限回のステップで命題変項の真偽に到達して終わるのである。一般に，論理の決定可能性を考える際には，この有限性をどう保証するかが論点となる。

　分析的反証法は，古典命題論理の決定問題を解くための数あるアルゴリズムのひとつにすぎない。例えば，分析的反証法の分析の過程をグラフィックに表現する「**タブロー**（あるいは**真理の木**）」と呼ばれる方法もある。よりラディカルにちがうものとしては，真理値やモデルの概念を用いない，**証明論**の手法を用いる方法もある。

　あるいは，推論に登場する論理式すべての真理値表を書く，というのも立派なアルゴリズムである。前提すべてが1になり，結論が0になるような行があれば非妥当，なければ妥当である。命題変項を n 個使う推論なら 2^n 行の表が必要になるのでかなり骨は折れるが，とにかく何も考えずにシラミつぶしに調べ上げていけばいつか答えが出る，というのは，ある意味で，アルゴリズムの本質を突いている。

　さて，決定可能性が成り立つということは，どれだけ複雑な推論であっても，原理的には，それが妥当かどうかを計算することができるということである。前章のケーススタディで示した“思考の計算”という理想がある一定程度実現していると言ってよいだろう。ただ，もっと興味深いのは，決定不可能な論理も存在するということである。この話題には，様相論理を経て，古典述語論理の章で戻ってくる。

3｜いくつかのトピック

論理の話に戻って，こまかいトピックをいくつか見ておこう。

・・・
3.1　形式的妥当性

ある推論が妥当であるとき，例えば，

$$p{\rightarrow}q, q{\rightarrow}r \models p{\rightarrow}r$$

はすでに見たように妥当だが，このとき，ここに現れている命題変項 p，q，r にどんな論理式を代入しても，その推論はやはり妥当である。例えば，

$$\neg p{\rightarrow}(q{\wedge}r), (q{\wedge}r){\rightarrow}(p{\vee}r) \models \neg p{\rightarrow}(p{\vee}r)$$

もまた妥当である（p に $\neg p$ を，q に $q{\wedge}r$ を，r に $p{\vee}r$ を代入した）。一般にこのことを証明するのはめんどうなのだが，要するに，

$$\blacksquare{\rightarrow}\bullet, \bullet{\rightarrow}\blacktriangle \models \blacksquare{\rightarrow}\blacktriangle$$

という形式をした推論は $\blacksquare$，$\bullet$，$\blacktriangle$ に何が入ろうがすべて妥当，つまりこの推論は形式的に妥当なのである。このことを表すために，以降は p，q，r などの命題変項ではなく，A，B，C などの文字を使って，

$$A{\rightarrow}B, B{\rightarrow}C \models A{\rightarrow}C$$

と書くことにしよう。これは「どんな論理式 A，B，C についても，それらをこの形式に組み合わせた推論は妥当である」ということを意味する。

　この形式性は，ある形式の推論が非妥当である場合には当てはまらないので注意が必要である。例えば，$p{\vee}q \not\models p$ であるが，この $\blacksquare{\vee}\blacktriangle \models \blacksquare$ という形式をした推論がすべて非妥当なわけではない（例えば $p{\vee}p \models p$ である）。ここでひとつ取り決めをしておく。A，B などの文字を使って，例えば，

$$A{\vee}B \not\models A$$

と書いたら，これは$A \vee B \vDash A$の否定であり，それゆえ，「この形式の推論を非妥当とするような何らかの論理式A, Bが存在する（例えばAとしてp，Bとしてq）」ということを意味するものとする。これは「どんな論理式A, B, Cについてもこの形式の推論は非妥当」とは異なるので注意しよう。

· · ·
3.2　トートロジー

　推論は，論理式の集合（前提）とひとつの論理式（結論）のあいだの関係である。ここで特殊な場合として，前提の集合が空集合$\varnothing$の場合，すなわち，

$$\varnothing \vDash A$$

となる場合を考えよう。これは，Aを偽にする付値が存在しない，つまりどのような付値のもとでもAは真だということを意味する。このような論理式を**トートロジー**（tautology）と呼ぶ。このとき，$\varnothing$を省略して$\vDash A$とも書く。

　トートロジーとは日本語に訳すならば「同語反復」である。「AなんだからAだ」，論理式で言えば$A \rightarrow A$である。じっさい，古典論理では$A \rightarrow A$を偽にする付値は存在しない。この意味での"トートロジー"を典型例としつつ，（形は$A \rightarrow A$ではないとしても）どのような付値のもとでも真になる論理式を，一般にトートロジーと呼ぶというわけである。

問題2　以下の論理式がトートロジーであることを示しなさい。右に示しているのは，これらの命題の伝統的な名前である。

(1)　　　　　　　　　$A \vee \neg A$　　　　　　　　　　　（排中律）

(2)　　　　　　　　　$\neg(A \wedge \neg A)$　　　　　　　　（無矛盾律）

(3)　　　　　　　　　$(A \rightarrow B) \vee (B \rightarrow A)$

(4)　　　　　　　　　$((A \rightarrow B) \rightarrow A) \rightarrow A$　　　（パースの法則）

· · ·
3.3　代表的な論理法則の表現

　数学的・抽象的な話が続いているので，ここで，論理学の形式言語と自然言語とのつながりを見ておこう。すなわち，伝統的に正しいと認められてきた論

理法則は，古典命題論理でもちゃんと妥当な推論になっていること，また反対に，いわゆる論理的誤謬とされる推論は，ちゃんと非妥当な推論となっていることを確認する。どれもかんたんな推論だが，自分で妥当性・非妥当性のチェックもしてみよう。

■前件肯定（Modus ponens）　$A{\to}B, A \models B$

例：

> きょうが月曜日ならば，私は講義に行かなければならない
> きょうは月曜日である
> ─────────────────────────
> それゆえ，私は講義に行かなければならない

■後件否定（Modus tollens）　$A{\to}B, \neg B \models \neg A$

例：

> 火のあるところには煙がある
> 煙はない
> ─────────────────
> それゆえ，火はない

■対偶（Contraposition）　$A{\to}B \models \neg B{\to}\neg A$

例：

> 火のあるところには煙がある
> ─────────────────────
> それゆえ，煙がないところには火はない

■ディレンマ（Dilemma）　$A{\lor}B, A{\to}C, B{\to}C \models C$

例：

> 大学を出たら就職するか大学院に進学するかのどちらかだ
> 就職したら［お金がもらえるので］幸せになる
> 進学したら［好きな研究ができるので］幸せになる
> ─────────────────────────
> それゆえ［いずれにせよ］わたしは幸せになる

■仮言三段論法（Hypothetical syllogism）　$A{\to}B, B{\to}C \models A{\to}C$

例：

> 寝坊すると講義に出られない
> きょう講義に出ないと単位を落とすことになる
> ─────────────────────────
> それゆえ，きょう寝坊すると単位を落とすことになる

■選言三段論法（Disjunctive syllogism）　$A \lor B, \neg A \models B$

　　　　　ことしは論理学かラテン語を履修しなければならない
　例：　　論理学は履修しない
　　　　　それゆえ，ラテン語を履修しなければならない

■ド・モルガンの法則（De Morgan law）　$\neg(A \land B) \models \neg A \lor \neg B$

　　　　　金と名誉の両方を手に入れることはできない
　例：──────────────────────────
　　　　　それゆえ，金か名誉のどちらかは手に入れられない

ド・モルガンの法則にはこれに加えて，

$$\neg A \lor \neg B \models \neg(A \land B), \neg(A \lor B) \models \neg A \land \neg B, \neg A \land \neg B \models \neg(A \lor B)$$

の3パターンがある。

・・・
3.4　代表的な論理的誤謬の表現
以下は，誤った推論の典型として伝統的に警告されてきた推論である。

■前件否定（Denying antecedent）の誤謬　$A \rightarrow B, \neg A \not\models \neg B$

　　　　　整理券をもっていれば店に入ることができる
　例：　　わたしは整理券をもっていない
　　　　　#わたしは店に入ることはできない

■後件肯定（Affirming consequent）の誤謬　$A \rightarrow B, B \not\models A$

　　　　　整理券をもっていれば店に入ることができる
　例：　　あの人は店に入ることができている
　　　　　#あの人は整理券をもっている

　これら2つの誤謬がよく起こる原因は，「ならば（if…then）」がしばしば同値（A ならば B であり逆も成り立つ）を意味するものと解釈される（あるいは実際に意味している）からだろう。自分で反例モデルを作ってみるとともに，そ

のモデルが現実世界のどのような状況を表しているかを考えてみよう。

■**選言肯定**（affirming disjunct）　$A \lor B, A \not\models \neg B$

例：
> ことしは論理学かラテン語を履修しなければならない
> あの人は論理学を履修している
> ―――――――――――――――――――――――――――――
> #あの人はラテン語を履修していない

　この形式の推論が妥当になるのは，選言が排他的（どちらか一方のみが成り立つ）に解釈されたときだけである。

・・・
3.5　実質含意のパラドクス

　さいごに含意の話をしよう。古典命題論理の含意 → の付値は，

$$v(A{\to}B) = 1 \iff v(A) = 0 \text{ または } v(B) = 1$$

と定義されている。この定義のもとでは，すぐにわかるように，

$$v(A{\to}B) = 1 \iff v(\neg A \lor B) = 1$$

が成り立つ。すなわち，$A{\to}B$ と $\neg A \lor B$ はつねに同じ真理値をとる（このようなとき，両者は**論理的に同値**であるという）。このような，$\neg A \lor B$ と論理的に同値になるような含意を**実質含意**（material implication）と呼ぶ。

　一見すると，「A ならば B」が「A でないか B のどちらか」と同じというのは，少し違和感を覚えるかもしれない。しかし例えば，テレビか何かが動かないとして，

> コンセントが刺さっていないか，故障しているかのどちらかだ

と考えたとしよう。$\neg A \lor B$ である。ここでもし，確かめたらコンセントが刺さっていた（A）としたら，残る可能性は故障（B）である。つまり，「A ならば $B(A{\to}B)$」である。

　この例からわかるように，選言にはじつは，「こちらでないならばあちら」という意味での含意の要素が含まれている。それゆえ，$A{\to}B$ と $\neg A \lor B$ が同

値になるのは，それ自体としては，そこまでおかしな話ではない。ただし，これから見るように，この考え方がもたらす帰結は，やはり実質含意には問題があるのではないかということを示唆する。

古典命題論理では次の2つの推論が妥当になる。

$$\neg A \models A \rightarrow B, B \models A \rightarrow B$$

前件が偽であるか，後件が真であるか，どちらか片方が成り立てば，含意は真になるのだから，アタリマエのことではある。しかしこれらはどうも変な推論である。

例：$\dfrac{\neg(2+2=5)}{\text{それゆえ，}2+2=5\text{ならば，論理学は楽しい}}$ $\quad\begin{array}{l}(\neg A)\\[1em](A\rightarrow B)\end{array}$

例：$\dfrac{2+2=4}{\text{それゆえ，論理学が楽しいならば，}2+2=4}$ $\quad\begin{array}{l}(B)\\[1em](A\rightarrow B)\end{array}$

どちらも推論は妥当であり，前提は真なので，結論も真である。しかしどちらの結論も，日本語としては意味はわかるのだが，何でそんなことを言いたいのかわからないし，何よりそれらを真と言ってよいものかどうか，難しいところである。このように，実質含意に基づく上の2つの推論は，直観的には真とは見なせないような命題を真にしてしまうという意味で，**実質含意のパラドクス**と呼ばれている。

さらに，以下の推論もいずれも古典命題論理では妥当になる（チェックしてみよう）。しかし，それを日本語で解釈してみると，おかしな推論であることがわかるはずだ。

- $(A \wedge B) \rightarrow C \models (A \rightarrow C) \vee (B \rightarrow C)$
  例：電源コードをつないで，スイッチを入れれば，PCは起動する。それゆえ，電源コードをつなげばPCは起動するか，スイッチを入れればPCは起動するかのいずれかである。
- $(A \rightarrow B) \wedge (C \rightarrow D) \models (A \rightarrow D) \vee (C \rightarrow B)$
  例：マッチをすれば火がつく，手を離せば石は下に落ちる。それゆえ，マッチをすれば石は下に落ちるか，手を離せば火がつくかのいずれかで

ある。

- $\neg(A \to B) \vDash A$

  例：神が存在すれば人間は不死になるというわけではない。それゆえ神
  は存在する。

■非古典論理へ　古典（命題）論理は，現代の論理学を創始した G. フレーゲや
B. ラッセルらによって定式化された論理である。彼らの目標は，数学の証明
において使われている推論を体系化することであり，その目標に照らすと，古
典論理は非常に上手くいっている。また，2つの真理値だけを使って定義でき
るなどのシンプルさもあって，古典論理は，現代論理学における標準的な論理
の地位を確立していると言ってよいだろう。

　ただしここで見たように，そのシンプルさの陰で，私たちが素直には認めた
くないような推論まで妥当にしてしまうなど，古典論理も欠点を抱えている。
論理学の仕事は，推論の妥当性の規準を提供することだが，古典論理は，私た
ちが全面的に信頼できるような完璧な規準であるとは言えなさそうなのである。

　こうした事情のもと，標準的な論理としての古典論理に反旗を翻し，妥当性
のよりよい規準を求めようとする**非古典論理**（non-classical logics）の研究が始
まるのだが，それについては本書の後半，第8章からの第II部で学ぶ。

問題3　上の3つの推論が妥当であることを証明しなさい。

Case Study │ ケーススタディ2

タブロー法

　ここでは，古典命題論理の決定問題に対するアルゴリズムを与えるタブロー法を紹介する。基本的な考え方は分析的反証法と同じだが，その機械的な分析過程がうまく可視化される，すぐれた方法である。

$$p \to q, q \to r \models p \to r$$

の妥当性の判定を例にとって説明しよう。

　判定すべき推論が与えられたら，前提の論理式には＋を，結論には－を付けて縦に並べる。＋は真を，－は偽を表す。つまり，この配置は反例モデルが存在するという仮定を表す。

$$+p \to q$$
$$+q \to r$$
$$-p \to r$$

　この初期配置から各論理式を規則に従って分析していく。→ にかんする規則は下図の左2つである。$A \to B$ が真になるのは A が偽か B が真かのどちらかのとき（枝分かれは選言を表す），$A \to B$ が偽になるのは A が真かつ B が偽のとき，ということである。この規則に従って，上の推論を分析すると右頁の右図が得られる。

　右図のような図をタブローと呼ぶ。×は，同じ枝の中に $+A$ と $-A$ が両方現れている，すなわち矛盾が生じていることを表す。論理式の横の数字は，分析を行った順番を示すために付けている。すなわち，(1)$-p \to r$ より，$+p$，$-r$ を得る。このとき"分析済"の印として左に✓を付ける。(2)$+p \to q$ より，$-p$ か $+q$ なのだが，$-p$ は先ほどの $+p$ と矛盾するのでありえない（それゆえ×）。残る可能性は $+q$ である。(3)$+q \to r$ より，$-q$ か $+r$ だが，それぞれ上に

$$+A \to B$$

$$
\begin{array}{cc}
-A & +B
\end{array}
$$

$$-A \to B$$

$$+A$$
$$-B$$

$$\checkmark +p \to q \,(2)$$
$$\checkmark +q \to r \,(3)$$
$$\checkmark -p \to r \,(1)$$

$$+p$$
$$-r$$

$$
\begin{array}{cc}
-p & +q \\
\times &
\end{array}
$$

$$
\begin{array}{cc}
-q & +r \\
\times & \times
\end{array}
$$

ある $+q$, $-r$ と矛盾する（例1の議論と比較してみよう）。

　このように，すべての枝の先に×が付くということは，反例モデルの想定を分析すると矛盾が導かれる，ということを示している。つまり，反例モデルは存在せず，元の推論は妥当だということである。

　反対に，すべての分析可能な論理式を分析しても（つまり，命題変項以外のすべての論理式の左に✓が付いても）×が付かない枝があれば，それは，反例モデルを矛盾を含むことなく構成できるということを示している。そしてその反例モデルは，タブローから読みとることができる。

　次頁の図は，例2の推論に対するタブローである。左に ∧ の規則も書いておく。

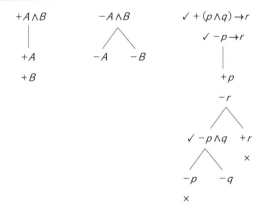

　×の付いていない枝の中から命題変項のみを拾うと，$+p$，$-r$，$-q$ が得られる。これが元の推論の反例モデルである（例 2 の議論と比較してみよう）。

　以上でだいたいのアイディアは掴んでもらえたのではないかと思う。以下で出てくるほとんどの論理に対してこのタブローの方法は適用できるが，スペースの都合で紹介できない。興味があれば巻末の文献案内を参照のこと。

Active Learning │ アクティブラーニング 2

Q.1

アルゴリズム

　決定可能性の基礎にあるのは，論理式という機械的な操作の可能な媒体である。ここでは，論理式の構造そのものを扱うアルゴリズムを考えてみよう。論理式の形成過程で最後に導入される主演算子の現れを，その論理式の主演算子と呼ぶ。例えば，$(p \to p) \land q$ の主演算子は $\land$，$\neg(p \lor q)$ では $\neg$ である。そこで，与えられた任意の論理式に対して，その主演算子を指定するアルゴリズムを記述しなさい。ヒント：カッコに注目する。

Q.2

トートロジーと推論

　トートロジーは妥当な推論の特殊例である。しかしじつは，古典命題論理では（あるいは他の論理でも），推論の妥当性をトートロジーに帰着させることもできる。なぜなら次が成り立つからである。

$$A \models B \Longleftrightarrow \models A \to B$$

すなわち，A から B が帰結するときそのときにかぎり，$A \to B$ はトートロジーである。これを証明しなさい。ヒント：対偶 $A \not\models B \Longleftrightarrow \not\models A \to B$ を示すとよい。

Q.3

タブロー

　上のケーススタディでは，含意 $\to$ と連言 $\land$ のタブロー規則を紹介した。選言 $\lor$ と否定 $\neg$ の規則はどのようなものになるか，考えなさい。

第3章

様相論理(1)
可能世界意味論

———

　ここからの2章では**様相論理**を学ぶ。古典命題論理に，**必然性**と**可能性**を表す2つの演算子を新しく付け加えた論理である。「様相」「必然性」「可能性」といった“哲学的”な言葉から少し堅苦しい印象を受けるかもしれないが，事態はまったくその逆で，1と0の無機質な組み合わせにすぎない古典命題論理（個人の感想です）から脱出すれば，そこには豊かな表現の可能性が広がっている。とくに，**可能世界**の概念を用いたモデルは，技術的にも哲学的にもきわめて強力で，興味深い道具立てである。自分でも想像力を働かせながら，読み進めてほしい。

　本章では，一般に「可能世界意味論」と呼ばれる，様相論理のモデルを導入する。次章や本書の後半で見るように，この枠組みはさまざまな解釈が可能で，狭義の必然性・可能性の論理にとどまらない，広範な論理のモデルとして機能する。また，定義のなかで用いられる**量化表現**，すなわち「すべての」「どんな」「ある」「存在する」といった表現にも，注目しておいてほしい。こちらは，第5章からの**古典述語論理**における議論のテーマとなる。

KEYWORDS #様相論理 #必然性 #可能性 #可能世界

1│様　相

　古典命題論理のモデルでは，論理式は真か偽のどちらかであり，そしてそれだけである。それらが表す事態は成り立つか成り立たないかのどちらかであり，そしてそれだけである。しかし，私たちはそれ以上のことを考え，議論する。例えば，次のような文を考えてみよう。

(a)　「絶対にあいつが犯人です」「そんなこと言い切れるのか？」

(b)　いかに名人と言えど，この局面から勝ちにもっていくのは不可能です。

　(a)では，たんに「あいつ」が犯人かどうかでなく，そのように断定できるのか，他に可能性はないのかが問題になっている。(b)もまた，名人が負けるというたんなる事実ではなく，勝つことはありえない，必ず負けるということを伝えようとしている。

　ここでは，ある事態がたんに成り立つかどうかではなく，それがどのようなあり方で成り立つか（あるいは成り立たないか）が問題になっている。例えば，絶対になのか，そうともかぎらないのか。そこには，私たちが事態をどのような仕方で捉えているか，という要素も含まれる。断定できるのか，確信できるのか，などである。このような，事態の成立のあり方，あるいはそれに対する私たちの捉え方のことを，一般に**様相**（modality）と言う。

　上の例で出てきたのは，**必然性**および（不）**可能性**という様相である。これらは，文の真偽（事態の成立不成立）のあり方にかかわるという意味で，**真理様相**と呼ばれる。その他には，「…しなければならない」「…してもよい」といった義務にかかわる**義務様相**，現在だけでなく未来や過去のことにかかわる**時間様相**，確実なこととして知っているのか，それともたんに信じているだけなのかといったことにかかわる**知識・信念様相**などがある。

　上の例からわかるように，日常生活でも公共の場でも，何らかの様相なしにまともな会話や議論を展開するのは難しいだろう。そのようなさまざまな様相を含む推論の妥当性を考えるのが，**様相論理**（modal logic）である。

2│可能世界意味論

　妥当な推論とは，前提が真ならば結論は偽ではありえないような推論のことである。これは様相論理においても大枠は変わらない。それゆえ，様相を含む推論の妥当性を定義するには，様相を含む命題の真偽がどのように決まるかを考えなければならない。ここではまずは基本的な考え方を説明しよう。一般に，**可能世界意味論**（possible world semantics）と呼ばれる考え方である。

2.1　可能世界

　前節の例(a)において「絶対」と言うとき，その探偵は，いま持っている手がかりや証拠と矛盾しないかぎりで，犯罪が起こった当時の状況をさまざまに想像しているはずである。その上で，どのようなシナリオを考えても，「あいつ」がやっているので，「絶対にそいつが犯人だ」と結論づけたはずである。反対に，「あいつ」が無実であるようなシナリオが考えられるなら，絶対とは言えないだろう。

　例(b)も同様である。(b)という見解を述べる解説者は，その時点での（将棋なり囲碁なりの）局面からの可能な局面の推移をさまざまに検討し，その上で，どのような推移を考えても名人の負けになるため，勝つのは不可能と結論しているはずである。反対に，可能な推移のなかにひとつでも勝ち筋があれば，逆転も可能だということになる。

　必然性（必ず，絶対に）や可能性（ありうる）といった様相を含んだ判断を下すとき，私たちは，現実とは異なるかもしれない仮想的な状況について考えている。犯罪の"シナリオ"であったり囲碁将棋の"局面"であったり，どのような種類の状況を考えるかは文脈によるが，そうした仮想的な状況一般を総称して，**可能世界**と呼ぶ。

　様相にかかわる哲学的な議論においては，「（可能）世界」という言葉はもう少し限定された意味で，すなわち，宇宙全体，森羅万象をすべて包括する総体を意味するものとして使われることもある。対して上の例で出てきたシナリオや局面などは，その宇宙のごく一部分だけについて考えているので，その意味では「世界」ではないのだが，ここではゆるくそうしたものも「世界」と呼ん

でしまう（全体と部分という区別が重要になるときには注意喚起する）。

　用語の問題はさておき，可能世界という装置の最大のポイントは，世界が異なれば命題（論理式）の真偽が変わりうる，ということである。例えば，あるシナリオ x では「あいつ」が犯人である，それゆえ，x という可能世界において「あいつが犯人だ」は真であるかもしれないが，別のシナリオ（可能世界）y では「あいつが犯人だ」は偽である，ということが考えられる。つまり，命題の真偽は可能世界に相対化されるのである。

2.2　量化と様相

　次のポイントは，様相にかかわる判断は，可能世界の上の**量化**の観点から，すなわち，「すべて」とか「存在する」といった**量化表現**を使って理解される，ということである。

　例えば，どんなシナリオを考えても，言い換えれば，すべてのシナリオにおいて「あいつが犯人だ」が真なら，「絶対にあいつが犯人だ」は真である。ということは逆に，ひとつでも「あいつが犯人だ」が偽になるシナリオが存在すれば，「絶対にあいつが犯人だ」は偽ということになる。

　また，ひとつでも「名人の勝ち」が真になる局面の推移が存在すれば，「名人が勝つことも可能」は真だが，どの推移でも「名人の勝ち」が偽なら，「名人が勝つことも可能」は偽，つまり名人が勝つことは不可能である。

　ただし，勝ち筋があるかどうかを探索する範囲は，当然のことながらその時点での局面から推移可能な局面だけであって，ルール上許されるすべての局面ではないだろう。つまり，必然性や可能性の判断は，どの世界を起点として考えるか，そして（多くの可能世界のうちでも）その世界から見て可能な世界はどれか，ということに依存する。まとめるとこうなる。

- 世界 w において A が必然的である $\Longleftrightarrow$ w から見て可能なすべての世界において A が真
- 世界 w において A が可能である $\Longleftrightarrow$ w から見て可能な世界において，A が真になるものが少なくともひとつ存在する

　起点とされる世界（ここでの w）を，可能世界と対比して，現実世界（actual

world）と呼んでもよいのだが，その現実世界はほんとうの現実世界とはかぎらない。「あの局面からなら逆転も可能だった」などと言うときには，ほんとうの現時点の局面ではなく，別の"あの"局面を起点としていることになる。その意味では，起点となる世界はいわば"当座の現実世界（英語なら current world）"と考えるのがよいだろう。

3 │ 様相論理の言語とモデル

3.1　言語

以上のアイディアを踏まえて，数学的な定義に移ろう。

定義 1（言語）　様相論理の言語の語彙は，古典命題論理の語彙に次の2つの**様相演算子**（modal operator）□と◇を付け加えたものとする。論理式は，古典命題論理における定義に次の条項を付け加えて定義する。

- A が論理式ならば，□A，◇A も論理式である

文字の使い方，カッコの省略の仕方などは以前と同様の規約に従う。

2つの様相演算子□，◇は，基本的に真理様相の必然性と可能性を表す。また，両者はその形でもって発音するのが慣例である。

	意味	発音
□A	A は必然的である	ボックスA
◇A	A は可能である	ダイヤA

3.2　フレームとモデル

言語を定義したら，次はモデルの定義である。

定義 2（フレーム，モデル）　空でない集合 W と W 上の2項関係 R の対 $\langle W, R \rangle$ を様相論理の**フレーム**（frame）という。このとき，W を**可能世界**の集合，R を**到達可能性関係**（accessibility relation）と呼ぶ。

> 　フレーム $\langle W, R \rangle$ が与えられたとき，W の要素と命題変項の対に対して，1
> あるいは 0 を割り当てる関数を，フレーム $\langle W, R \rangle$ 上の**付値**と呼ぶ。フレーム
> $\langle W, R \rangle$ とその上の付値 v の対 $\langle W, R, v \rangle$ を様相論理の**モデル**と呼ぶ。

例1　例えば，付値 v が可能世界 x と命題変項 p の対には真，y と q の対には
偽を割り当てるときは，$v(x, p) = 1$，$v(y, q) = 0$ と書く。このとき「p は x に
おいて真である」「q は y において偽である」などと言う。

　古典命題論理と比べると，モデルの概念は一気に複雑になっている。それを
構成するフレーム，到達可能性，付値の概念についてひとつずつ説明する。
　まず，フレームとは"枠組み"のこと。可能世界がいくつかあって，それら
のうちのいくつかが，2項関係 R で結びつけられている構造である。フレー
ムは例えば次のように図示できる。

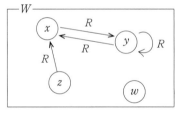

　このフレームは，4つの要素をもつ集合 $W = \{x, y, z, w\}$ とその上の関係 R
からなる。x と y が R で関係づけられているとき，xRy と書く。つまり，この
フレームでは，xRy，yRx，zRx，yRy が成り立っている。yRy のように自分
自身と関係づけられる要素もあれば，w のようにどの世界ともまったく関係が
つかない要素もあってよい。関係は向きをもっており，zRx であってもその逆
の xRz が成り立つとはかぎらない。もちろん，xRy，yRx のように両向きで成
り立つ場合があってもよい。
　次に，到達可能性関係は，ある世界を（上で述べた）"当座の現実世界"と見
なしたときに，"その世界から見て可能な世界"の範囲を規定するものである。
例えば上図では，x から見て可能な世界は xRy が成り立つ y のみであり，y か
ら見て可能な世界は x および y 自身ということになる。
　フレーム上の付値は，各可能世界においてどの命題変項が真で，どれが偽かを

指定する。つまり真理値は世界に相対化されるわけだが、例えばあるフレーム上の付値 v が、可能世界 x に対して、次のように真理値を指定しているとしよう。

$$v(x, p) = 1, \quad v(x, q) = 0, \quad v(x, r) = \cdots$$

ここで x のことを忘れると、

$$v(p) = 1, \quad v(q) = 0, \quad v(r) = 1, \cdots$$

となり、古典命題論理の付値が得られる。別の世界、例えば y における付値からは、また別の古典命題論理の付値が得られるだろう。つまり、様相論理におけるフレーム上の付値とは、可能世界の集合 W の各要素に対して、古典命題論理の付値をひとつずつ指定するものとも言える。

　第1章で述べたように、古典命題論理の付値はある世界の可能なあり方を表現する。フレーム上の付値は、各可能世界に古典命題論理の付値を指定することで、まさにそれぞれの可能世界がどのようなあり方をしているかを表現するのである。

• • •

3.3　複合式の付値

　複合式の真理値は、命題変項への付値から計算される。この構造自体は古典論理の場合と同じであるが、もちろん中身は同じではない。

定義3（複合式の付値）　様相論理のモデル $\langle W, R, v \rangle$ が与えられたとき、付値 v は次のように帰納的に、すべての可能世界と論理式の対に対して真理値を割り当てる関数へと拡張される。

$$v(w, \neg A) = 1 \Longleftrightarrow v(w, A) = 0$$
$$v(w, A \wedge B) = 1 \Longleftrightarrow v(w, A) = 1 \text{かつ} v(w, B) = 1$$
$$v(w, A \vee B) = 1 \Longleftrightarrow v(w, A) = 1 \text{または} v(w, B) = 1$$
$$v(w, A \rightarrow B) = 1 \Longleftrightarrow v(w, A) = 0 \text{または} v(w, B) = 1$$
$$v(w, \Box A) = 1 \Longleftrightarrow \text{すべての } x \in W \text{について、} wRx \text{ならば} v(x, A) = 1$$
$$v(w, \Diamond A) = 1 \Longleftrightarrow \text{ある } x \in W \text{について } wRx \text{かつ} v(x, A) = 1$$

　古典論理に含まれていた演算子 ¬, ∧, ∨, → にかんする各世界における真理値は，古典論理のときと同様に計算する。

■□と◇の付値　必然性□と可能性◇の付値の条件については，すでに説明した考え方をそのままなぞる形で定義している。w で □A が真，つまり A が必然的であるのは，wRx が成り立つすべての x，つまり w から見て可能なすべての世界で A が真のときである。w で ◇A が真，つまり A が可能であるのは，w から見て可能な世界のどこかで A が真のときである。

　それぞれの状況を図示すれば次のようになる。可能世界の横に $+A$ などと書いてあるのは，その世界で A が真だということである（$-A$ は偽を表すとする）。

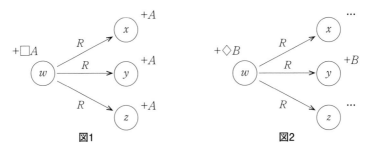

図1　　　　　　　　　　図2

　いま，w と R で関係づけられている世界（w から到達可能な世界）が，図の通り x, y, z の 3 つだけだとする。もし，x, y, z すべてにおいて A が真なら，w において □A が真である（図1）。他方，x, y, z のなかに，ひとつでも B が真になる世界（ここでは y）があれば，w において ◇B は真になる（図2）。x, z における B の真偽はどちらでもよい。

　反対に，□や◇が偽になる状況は次のように図示できる。

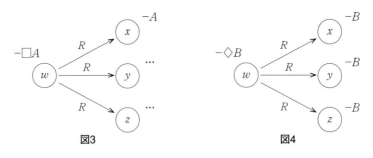

図3　　　　　　　　　　図4

w から到達可能な世界のなかに，ひとつでも A が偽になる世界（ここでは x）があれば，w において $\Box A$ は偽になる（図3）。そして，$\Diamond B$ が偽になるのは，すべての到達可能な世界で B が偽のときである（図4）。

■**$\Box$ と $\Diamond$ の双対関係**　4つの図を見ると，必然性 $\Box$ と可能性 $\Diamond$ は，真偽にかんしてちょうどひっくり返ったような関係にあることに気づくだろう。一般に $-A$ は $+\neg A$ ということ（$v(x, A) = 0 \Longleftrightarrow v(x, \neg A) = 1$）なので，例えば図3，4は次のように書き換えられる。

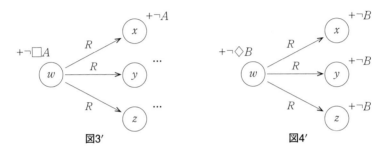

図3′　図4′

図3′ では w で $\neg \Box A$ が真だが，この状況は，$\Diamond \neg A$ が真となる状況と同じである（図2を参照）。また，図4′ では w で $\neg \Diamond B$ が真だが，この状況は，$\Box \neg B$ が真となる状況と同じである（図1を参照）。つまり，一般に次が成り立つ。

事実1　任意のモデル $\langle W, R, v \rangle$ 中の任意の世界 w において $v(x, A) = v(x, B)$ が成り立つとき，A と B は論理的に同値であると言う。そこで，

$$\neg \Box A \text{ と } \Diamond \neg A, \text{ および } \neg \Diamond A \text{ と } \Box \neg A$$

のペアはそれぞれ論理的に同値である。これを，$\Box$ と $\Diamond$ は双対の関係にあると言う。

「必ずしも A とは言えない（$\neg \Box A$）」ということは「A でないこともありうる（$\Diamond \neg A$）」ということであり，また，「A は不可能だ（$\neg \Diamond A$）」とは「A でないことは必然（$\Box \neg A$）」ということである。

双対関係は論理学のさまざまな場面で現れるが，ひとつの典型例は連言 $\wedge$

と選言 ∨ のあいだの双対性である。すなわち，¬(A∧B) と ¬A∨¬B，および ¬(A∨B) と ¬A∧¬B のペアはそれぞれ論理的に同値である（ド・モルガン則）。

例2　最初の2つの例に当てはめて解釈してみよう。

　A を「あいつが犯人だ」とする。図1で，w を探偵がいまおかれた状況としよう。w から到達可能な x, y, z は，w にいる探偵が，手持ちの証拠や手がかりから想定可能な"シナリオ"と解釈する。どのシナリオでも「あいつ」が犯人なら，つまり，x, y, z のいずれにおいても A が真なら，「絶対にあいつが犯人だ」，つまり□A が w において真である。反対に，図3のように，もし A が偽になるシナリオが考えられるなら，w にいる探偵は「絶対にあいつが犯人だ」とは言えない。つまり□A は w において偽である。

　B を「対局に勝つ」とする。図4の w が，現在の局面だとしよう。そこから推移可能な局面としては x, y, z の3つだけを考える（もちろんふつうはもっと多い）。x, y, z のいずれでも B が偽なら，つまりどの推移をたどっても「勝てない」なら，w の時点で「勝つのは不可能（◇B は偽）」となる。図2のように「勝ち筋」（y で B が真）がひとつでもあるなら，w の時点で「勝つのは可能（◇B は真）」となる。

問題1　次のようなモデルを考える。

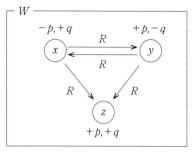

このとき，次の値を求めなさい。

(1)　$v(x, \Box p)$　　　(2)　$v(x, \Box q)$

(3)　$v(z, \Box p)$　　　(4)　$v(z, \Diamond q)$

(5)　$v(x, \Diamond\Box q)$　　(6)　$v(x, \Box\Diamond p)$

(7)　$v(y, \Box\Diamond p)$　　(8)　$v(y, \Diamond\Box q)$

4│妥 当 性

　古典論理では，前提が真で結論が偽になるようなモデルを反例モデルと呼び，反例モデルの存在しない推論を妥当な推論と呼んだ。様相論理では，ひとつのモデルのなかでも，可能世界ごとに論理式の真偽は変わる。それゆえ，反例モデルや妥当性の定義も一段複雑になる。

定義4（妥当性）　$X \cup \{A\}$ を様相論理の論理式の集合とする。あるモデル $\langle W, R, v\rangle$ 中のある可能世界 w が，

$$\text{すべての } B\in X \text{ について } v(w, B) = 1, \text{ かつ } v(w, A) = 0$$

を満たすとき，w を X から A への推論に対する**反例世界**，$\langle W, R, v\rangle$ を**反例モデル**と呼ぶ。反例モデルが存在しないとき，すなわち，すべてのモデル $\langle W, R, v\rangle$ と W 中のすべての可能世界 w について，

$$\text{すべての } B\in X \text{ について } v(w, B) = 1 \text{ ならば，} v(w, A) = 1$$

が成り立つとき，X から A への推論は**妥当**であると言い，$X \vDash A$ と書く。妥当ではない（反例モデルが存在する）ときは $X \nvDash A$ と書く。

　$\varnothing \vDash A$ であるとき，すなわち前提が空集合の推論が成り立つとき，論理式 A は**妥当である**，あるいは**妥当式**であると言い，$\vDash A$ と書く。

　妥当性・非妥当性を証明する方法は古典命題論理の場合と同じである。反例モデルが存在するにはどのような条件が満たされるべきかを分析し，(1)分析のなかで矛盾が生じれば，反例モデルは存在せず妥当，(2)矛盾なく付値が定義できれば，それが反例モデルであり，元の推論は非妥当，ということになる。

例3

$$\Box(A{\to}B) \vDash \Box A{\to}\Box B$$

証明　この推論に対する反例モデルが存在すると仮定する。すなわち，あるモデル $\langle W, R, v \rangle$ およびある $w \in W$ に対して，

(1) $\qquad\qquad\qquad v(w, \Box(A{\to}B)) = 1$

(2) $\qquad\qquad\qquad v(w, \Box A{\to}\Box B) = 0$

が成立しているとする。このとき(2)より，$v(w, \Box A) = 1$ かつ $v(w, \Box B) = 0$ である。後者より，wRx なる $x \in W$ が存在して $v(x, B) = 0$ である。すると前者より，$v(x, A) = 1$ である。合わせて $v(x, A{\to}B) = 0$ が導かれる。

　一方，wRx と(1)より，$v(x, A{\to}B) = 1$ のはずだが，これは $v(x, A{\to}B) = 0$ と矛盾する。よって反例モデルは存在しない。　　　　　　　　　　　　　□

例4

$$\Box A{\to}\Box B \nvDash \Box(A{\to}B)$$

証明　$\Box A{\to}\Box B \nvDash \Box(A{\to}B)$ は，$\Box A{\to}\Box B \vDash \Box(A{\to}B)$ を満たさないような論理式 A, B が存在する，という意味だったことを思い出そう。ここではそのような A, B として命題変項 p, q をとることにして，

$$\Box p{\to}\Box q \nvDash \Box(p{\to}q)$$

を示せばよい。この推論に対する反例モデルは，

$$v(w, \Box p{\to}\Box q) = 1, \quad v(w, \Box(p{\to}q)) = 0$$

を満たす w を含んでいなければならない。後者を満たすためには，wRx かつ $v(x, p{\to}q) = 0$ となる x が存在すればよい。さらに，$v(x, p{\to}q) = 0$ とするには，$v(x, p) = 1$ かつ $v(x, q) = 0$ とすればよい。それゆえ，反例モデルは次のような構造を含むことがわかる。

まだ完成ではないが，このようにして，まさに"模型"のように組み立ててい
くわけである。残るは，$v(w, \Box p \to \Box q) = 1$ を満たすには何を付け加えればよ
いか，である。

　上図では，wRx かつ $v(x, q) = 0$ なので，$v(w, \Box q) = 0$ である。それゆえ，
$v(w, \Box p \to \Box q) = 1$ を満たすには，$v(w, \Box p) = 0$ でなければならない。すなわ
ち，w から到達可能で，かつ p が偽になるような世界が必要である。しかし，
いま w から到達可能な世界 x では，p は真である。それゆえ，w から到達可能
な世界を新しく付け加える必要がある。

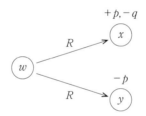

　これで，$v(w, \Box p) = 0$ となり，それゆえ，$v(w, \Box p \to \Box q) = 1$ が満たされる。
$v(w, \Box (p \to q)) = 0$ と合わせ，これが元の推論に対する反例モデルである。　□

注意　本質的に必要なのはこれだけだが，形式上は，すべての世界におけるす
べての命題変項の真理値を定める必要がある。そこでこういう場合は，上に定
めたもの以外は，どの命題変項もすべての世界でも偽だとしておこう。

別解　$v(w, \Box p) = 0$ を満たすために新しい世界 y を付け加えたが，じつはこれ
は必要ない。というのは，w から到達可能な世界として w 自身をとることも
できるからである。つまり，次のようなモデルにすればよい（同じく他のすべ
ての命題変項はどの世界でも偽であるとする）。

$$R \circlearrowleft \overset{-p}{w} \xrightarrow{R} \overset{+p, -q}{x}$$

Case Study｜ケーススタディ3

様相論理の「内包性」「外延性」

　古典命題論理では，任意の付値 v と任意の論理式 A, B, C について次の**外延性**（ないし**置換可能性**）が成り立つ。

$$v(A) = v(B) \text{ ならば } v(C) = v(C[B/A])$$

　ただし，$C[B/A]$ は論理式 C 中に現れている A をすべて B に置き換えて得られる論理式を表す。例えば $(p \wedge q) \to r[r \vee r / p \wedge q]$ は $(r \vee r) \to r$ である。外延性とは，ある論理式の部分式を，同じ真理値をもつ別の論理式に置き換えても，全体の真理値は変わらないということである。

　対して様相論理では，次の形の外延性（置換可能性）は成り立た $\overset{\bullet\bullet}{ない}$。

$$v(x, A) = v(x, B) \text{ ならば } v(x, C) = v(x, C[B/A])$$

　反例としては次のようなモデルが考えられる。

　$v(x, p) = v(x, q) = 1$ だが，$v(x, \square p) \neq v(x, \square q)$ である。

　例えば，「$2 + 2 = 4$」も「オオニシは大学教員である」もこの世界では真であり，真理値は一致しているが，「$2 + 2 = 4$」が必然的真理と見なせる一方で，「オオニシは大学教員である」はそうではないだろう。様相論理では，ある世界における真理値の一致は置換可能性を担保しない。こうした現象を指して，様相演算子は**内包的文脈**を形成する，などと言われる。

　様相論理における外延性は，次の形で回復される。

　すべての世界 y について $v(y, A) = v(y, B)$ ならば，$v(x, C) = v(x, C[B/A])$

　つまり，すべての世界で真理値が一致している論理式同士は置換可能である。あるモデル M において A が真になる世界の集合を $|A|^M$ と表すなら，上の置換可能性は次のように表現される。

$$|A|^M = |B|^M \text{ ならば } |C|^M = |C[B/A]|^M$$

　様相論理では，可能世界の集合を一般に「命題」と呼ぶ。違和感があるかもしれないが，2つの論理式が，置換可能性を満たすという意味で"同じ"ことを表現しているのは，両者を真にする可能世界の集合が同一のとき，すなわち両者が同じ命題を表現しているとき，ということである。

　この外延性を利用すれば，古典命題論理と同じく，様相論理の妥当性も形式的であることがすぐにわかる。すなわち，ある推論が妥当ならば，そこに現れているある命題変項を任意の論理式に置き換えても，妥当性は変わらない（証明は，置換後の推論に反例モデルが存在するなら，それをもとに，元の推論に対する反例モデルを作ることができる，と対偶の形で与えるのがよいだろう）。つまり，その推論が妥当なのは，その前提と結論がもっている形式によって，である。以下で学ぶどの論理も同様に，それぞれに応じた形の外延性を満たし，それに基づいて妥当性の形式性を示すことができる。

　さいごに，古典命題論理と様相論理の関係について考えよう。例えば，排中律 $p \lor \neg p$ は古典命題論理のトートロジーであるが，これが様相論理でも妥当なのは明らかだろう。様相論理のモデルにおいても，$\land$，$\lor$，$\to$，$\neg$ にかんする真偽の条件は，可能世界に相対化されてはいるが，古典命題論理のときと本質的に同じである。それゆえ，各世界において，古典命題論理のときと同様に計算すれば，どのようなモデルのどのような世界でも $p \lor \neg p$ は真になる。

　さて，いまや排中律は様相論理における妥当式なので，上述の形式性によ

り，p に様相演算子を含む論理式を入れても妥当性は変わらない。例えば，
□q∨¬□q もやはり妥当である。排中律の形式をしていれば，“中身”が様相
演算子を含んでいても妥当になる。もちろん，このことは排中律だけでなく，
古典論理における妥当な推論一般に成り立つ。つまり，古典命題論理で妥当な
推論形式は，新しい語彙である様相演算子を含む様相論理でもすべて妥当なの
である。

Active Learning | アクティブラーニング 3

Q.1

可能世界

　本章では，可能世界の例として，犯罪の"シナリオ"や囲碁将棋における"局面の推移"を考えた。他の種類の可能世界としてはどのようなものが考えられるだろうか。

Q.2

真理値判定

　次のようなモデルを考える。

　このとき，(1)$\Box\Diamond\Box p$ が真になる世界，および(2)$\Diamond\Box\Diamond p$ が真になる世界をそれぞれ（もし複数あればすべて）挙げなさい。

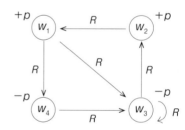

Q.3

推論の妥当性判定

以下を証明しなさい。

(1)　　　　　　　　　$\Box A \land \Box B \vDash \Box(A \land B)$

(2)　　　　　　　　　$\Box(A \land B) \vDash \Box A \land \Box B$

(3)　　　　　　　　　$\Diamond(A \land B) \vDash \Diamond A \land \Diamond B$

(4)　　　　　　　　　$\Diamond A \land \Diamond B \nvDash \Diamond(A \land B)$

Q.4

論理的同値を利用する

　まず一般に，A と B が論理的に同値（すべてのモデルのすべての世界で真理値が一致する）ならば $A \vDash B$ と $B \vDash A$ の両方が成り立ち，またその逆も成り立つことを確かめなさい。

　さて，上の(1)，(2)より $\Box A \wedge \Box B$ と $\Box(A \wedge B)$ は論理的同値である。この事実，およびこれまですでに出てきた論理的同値（古典命題論理におけるものを含む）を利用して，$\Diamond A \vee \Diamond B$ と $\Diamond(A \vee B)$ が論理的同値であることを証明しなさい。

第4章

様相論理(2)
対応理論

———

　様相論理は，可能性と必然性についての単一の論理ではなく，ある一群の論理の集まりである。「可能性」「必然性」と言ってもさまざまな意味があり，また，真理様相だけでなく，義務や時間，知識などの別の種類の様相もある。このようなさまざまな様相に応じて，さまざまな様相論理が考えられるのである。

　では，さまざまな様相論理をバラバラにではなく，統一的な仕方で取り扱うにはどうすればよいか。ここで，到達可能性関係が重要な役割を果たす。以下で見るように，様相演算子を含む推論の妥当性と，到達可能性関係の満たす性質の間には，一連の対応関係が成り立つ。それにより，可能世界意味論という統一的な枠組みの上で，それぞれの論理のちがいを特徴づけることができる。

　本章で学ぶこの**対応理論**（correspondence theory）は，様相論理という分野を大きく発展させた重要な発見であり，哲学的にも技術的にも興味深い論点を含んでいる。章の後半はこれまでよりも数学的な難易度が上がってしまうが，なるべく多くの例を紹介するように努めたので，ぜひ自分でもさまざまに想像をめぐらし，手を動かして，感触を掴んでもらいたい。

KEYWORDS　#対応理論　#義務論理　#時制論理

1│さまざまな様相, さまざまな到達可能性

・

1.1　可能性の意味

　唐突だが例えば, 私オオニシがアメリカ合衆国の大統領になることは可能だろうか。もちろん別になりたいわけではないのだが, 私の好みではなく, 可能性の話である。いろんな考え方があるだろう。

　アメリカの法律によれば, 生まれたときにアメリカ国籍がなければ, 大統領にはなれない。それゆえ, 私がこれからどれだけ優れた政治家としての資質を発揮しても, アメリカ大統領になることは不可能である。

　これに対しては, それは可能性の範囲を狭くとりすぎだと言い返すこともできるだろう。私がアメリカ人として生まれた可能世界や, アメリカの法律が帰化者の立候補も認めているような可能世界を考えれば, 私が大統領になることも可能だと言えるかもしれない。いや, 国籍や法律がどうだろうと, オオニシは資質的に政治家には向いていないので不可能だという考え方もあるだろう。

　そんなこともまったく関係ない, オオニシがアメリカ大統領になるという事態は, そのような事態を想像できるということからもわかるように, 少なくとも論理的な矛盾は含んでいない。そして, 論理的に矛盾しないかぎり何だって可能だと言う人もいるかもしれない。

　ここにはさまざまな意味の可能性が登場している。法律的な観点からの可能性, 資質の面からの可能性, 論理的な可能性などである。それは言い換えれば, さまざまな種類の可能世界を考えるということである。すなわち,

- この現実世界といろいろと異なる点はあるかもしれないが, 法律は同じであるような可能世界
- 法律がこの世界と異なるかもしれないが, しかしオオニシの資質などはいまと同じであるような可能世界
- 論理的に矛盾しないかぎりでの可能世界

などである。そして, それぞれの種類の可能世界のなかに, オオニシが大統領になっているような世界が考えられるなら, それに対応する意味で「大統領に

なることも可能」，なければ「不可能」と判断されることになるだろう。

　どのような種類の可能世界を考えるかによって，可能性の意味は変わる。これから見るように，現代の様相論理のおもしろさは，こうした様相の多様性を統一的に捉えられるという点にある。そこで大きな役割を果たすのが，モデル中の到達可能性関係である。

　例えば，到達可能性 xRy を「可能世界 y は x と同じ法律に従っている（が他の部分と異なっているかもしれない）」と解釈しよう。x をこの現実世界とすると，x では「◇(オオニシが大統領になる)」は偽である。x から到達可能な世界はいずれも現行の法律に従っており，他の部分がどうであろうと，私には大統領への立候補資格がないからである。しかし，この世界と法律も私の資質も異なるような世界も到達可能と考えるなら，「◇(オオニシが大統領になる)」は真になるだろう。つまり，どのような到達可能性を設定するかによって，どのような可能世界を考えるかが決まり，それによって，どのような意味での様相を考えるかが決まる。さらに別の例を見て理解を深めよう。

1.2　もっと多様な様相(1)── 義務様相

　ここまでは，真理様相というカテゴリーのなかで，さまざまな意味での様相（可能性）を考えた。到達可能性の解釈を変えることで，もっとラディカルに異なる種類の様相を考えることもできる。

　例えば，到達可能性を，

$$xRy \Longleftrightarrow y \text{ は } x \text{ から見て倫理的に受容可能な世界である}$$

と解釈する。このとき，xRy なるどこかの世界 y で A が成り立っていれば，x において「A してもよい」が成り立つはずである。x から見て倫理的に受容可能な世界 y で A が成り立っているからには，それは倫理的にわるいことではないはずだからである。そしてこの条件は，◇の真理条件と同じ形式である。

$$
\begin{aligned}
v(x, \Diamond A) = 1 &\Longleftrightarrow xRy \text{ かつ } v(y, A) = 1 \text{ なる } x \text{ が存在する} \\
&\Longleftrightarrow x \text{ から見て倫理的に受容可能なある世界で } A \text{ が成り立つ} \\
&\Longleftrightarrow x \text{ においては } A \text{ してもよい}
\end{aligned}
$$

　つまりこのとき，◇A は可能性というよりも「許可」「資格」（英語では per-missible など）という**義務様相**として理解できる。

　同様に，もし xRy なるすべての世界で A が成り立っていれば，それは言い換えれば，A が成り立たない世界は x から見て倫理的に受容できない世界だということだから，今度は x においては「A しなければならない」が成り立つと言えるだろう。

$$v(x, \square A)=1 \Longleftrightarrow xRy \text{ なるすべての世界 } y \text{ で } v(y, A)=1 \text{ が成り立つ}$$
$$\Longleftrightarrow x \text{ から見て倫理的に受容可能なすべての世界で } A \text{ が成り立つ}$$
$$\Longleftrightarrow x \text{ においては } A \text{ しなければならない}$$

　つまり，□は同じく義務様相のうちの「義務」（英語では obligatory など）を表す。こうした義務様相を扱う論理を**義務論理**（deontic logic）と呼ぶ。

1.3　もっと多様な様相（2）── 時間

　次は，時間で考えよう。

$$xRy \Longleftrightarrow y \text{ は } x \text{ よりも後の時点である}$$

とする。この場合，モデルを構成する x や y は，"パラレルワールド"的な可能世界ではなく，この世界の異なる時点である。しかし，さまざまな命題が真になったり偽になったりするという点では，これまでの可能世界と同様である。例えばこれを書いている時点では「京都府に緊急事態宣言が発令されている」は真だが，（望むべくは）何ヶ月か先の時点では偽になるだろう。

　このような解釈のもとでは，□A は「これから先の未来でずっと A」を，◇A は「この先の未来のどこかで A」を意味することになる。これらは未来（Future）を表す演算子だから，表記を変えて [F]，⟨F⟩ と書くことにしよう（「エフボックス」「エフダイヤ」とでも読もう）。

　では，過去についてはどうだろうか。未来と同じように，過去（Past）を，[P]A＝「過去ずっと A だった」，⟨P⟩A＝「過去のどこかの時点で A だった」という演算子で表すことにしよう。すると，

$$v(x, [F]A)=1 \Longleftrightarrow xRy \text{ なるすべての } y \text{ について } v(y, A)=1$$
$$\Longleftrightarrow x \text{ よりも未来の時点でつねに } A$$
$$v(x, \langle F\rangle A)=1 \Longleftrightarrow xRy \text{ なるある } y \text{ が存在して } v(y, A)=1$$
$$\Longleftrightarrow x \text{ よりも未来のどこかの時点で } A$$
$$v(x, [P]A)=1 \Longleftrightarrow yRx \text{ なるすべての } y \text{ について } v(y, A)=1$$
$$\Longleftrightarrow x \text{ よりも過去の時点でつねに } A$$
$$v(x, \langle P\rangle A)=1 \Longleftrightarrow yRx \text{ なるある } y \text{ が存在して } v(y, A)=1$$
$$\Longleftrightarrow x \text{ よりも過去のどこかの時点で } A$$

とまとめられる。過去演算子 $[P]$, $\langle P\rangle$ は，到達可能性関係をふつうとは逆方向にたどる演算子である。このような，未来と過去を表す演算子を扱う論理を**時制論理**（tense logic）と呼ぶ。

　過去と未来の関係，あるいは通常の様相演算子と到達可能性関係を逆向きにたどる演算子との関係は，次の推論に示される。

事実 1　時制論理では次が成り立つ。

(1) $$A \models [P]\langle F\rangle A$$
(2) $$A \models [F]\langle P\rangle A$$

問題 1　上の(1)(2)を証明しなさい。

2 | 対応理論

2.1　様相の解釈と推論の妥当性

　このように，モデルの中の到達可能性関係をさまざまに解釈することで，様相演算子の解釈もさまざまに変化する。では，それらの解釈のちがいを，数学的に特徴づけるにはどうすればよいだろうか。

　様相の解釈のちがいはまず第一に，どのような推論が妥当になるかのちがいとして表れるはずである。例えば，

$$\Box A \vDash A$$

という推論は，□を真理様相の必然性と解釈すれば，妥当と考えるのが自然かもしれない。必ず成り立つことは，現実にも成り立っているはずである。しかし，□を義務と解釈すれば，妥当とは思えない。一般論として，人々は，しなければならないこと（□A）をいつでもじっさいに実行している（A）わけではないからである。つまり，□AだからといってAとはかぎらない。

　あるいは，これから先ずっとA，つまり$[F]A$だとしよう。すると，これから先のどの時点から見ても，やはりその先もずっとAのはずである。つまり，これから先ずっと$[F]A$なので，$[F][F]A$も成り立つ。すなわち，

$$\Box A \vDash \Box\Box A$$

という推論は，□を未来演算子$[F]$と解釈すれば妥当になるはずである。しかし，真理様相と解釈すればどうだろうか。Aが必然的真理である（□A）からといって，それは必然的にそう（□□A）なのだろうか。例えば，物体が光よりも速く移動できないというのは物理法則からして必然的な真理だが，この必然性それ自体は物理的な必然，すなわち物理法則によって決定されていることだろうか。

　このように，様相演算子の解釈のちがいは，妥当性の規準，線引きのちがいとして表れる。いまから見るように，これらのちがいは，フレームのもつ構造的な性質によって，もう少し特定して言えば到達可能性関係の性質によって特徴づけることができる。すなわち，ある様相に特有な推論を妥当なものとして受け入れることは，到達可能性関係がある一定の性質をもつと認めることであり，その逆もまた然り，という対応関係が成り立つのである。

‥

2.2　対応関係の例——推移性

　まずは例とともに考えよう。前節で例で出した推論（必然的真理の必然性はそれ自体必然的か）は，これまでの枠組みのもとで非妥当である。

例1

$$\Box A \nvDash \Box\Box A$$

証明　以下の図が $\Box p \nvDash \Box\Box p$ であることを示す反例モデルである。

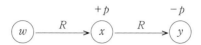

$v(x, p)=1$, $v(y, p)=0$以外の付値は任意とする。このとき，$v(w, \Box p)=1$, $v(w, \Box\Box p)=0$ である。よって，$\Box p \nvDash \Box\Box p$ である。　　　　　□

　しかし，例えば□を［F］として時間で解釈するなら，この推論は妥当になるはずだった。つまり，そのような解釈をすることには，何らかの追加の想定が伴うということだ。それを明確にするために，ひとつ概念を定義する。

> **定義1**（フレームにおける妥当性）　前提 X から結論 A への推論が，**フレーム** $F=\langle W, R\rangle$ **において妥当**であるとは，F 上にどのような付値 v を定義しても，X から A への推論への反例モデルにはならないときである。このとき，$X \vDash^F A$ と書く。

　すべてのフレーム F について $X \vDash^F A$ が成り立つなら，$X \vDash A$，すなわち，前章で定義した元々の意味で妥当である。逆に，$X \nvDash A$ だとしても，その推論は何らかのフレーム F においては妥当である可能性はある。フレームにおける妥当性は，元々の妥当性よりも狭い範囲での推論の正しさを捉えようとする概念である。この定義を踏まえて，次を見てみよう。

例2　任意のフレーム $F=\langle W, R\rangle$ について，次が成り立つ。

$$\Box A \vDash^F \Box\Box A \Longleftrightarrow \text{すべての } x, y, z \in W \text{について，} xRy \text{かつ} yRz \text{ならば} xRz$$

　右辺の性質が成り立つとき，R は**推移的**（transitive）であるという。つまり，左辺の推論は，到達可能性関係が推移性を満たす任意のフレームで妥当であ

り，逆に，左辺の推論が妥当になるようなフレームの到達可能性関係は，必ず推移性を満たす。

証明　（⟸）R が推移的であるようなフレーム $F=\langle W, R \rangle$ 上の付値 v が，ある $w \in W$ について，

$$v(w, \square A)=1, \quad v(w, \square\square A)=0$$

を満たすと仮定する。このとき後者より wRx なる $x \in W$ が存在して，$v(x, \square A)=0$ である。するとさらに，xRy なる $y \in W$ が存在して，$v(y, A)=0$ である。

　ここで R の推移性により，wRx および xRy から wRy が導かれる。すると，$v(w, \square A)=1$ より $v(y, A)=1$ となるが，これは矛盾である。したがって，F 上に反例モデルは存在しない。つまり $\square A \models^F \square\square A$ である。

　（⟹）対偶（R が推移的でないならば $\square A \not\models^F \square\square A$）を示す。

　あるフレーム F において推移性が成り立っていないとする。すなわち，ある $x, y, z \in W$ が存在して，xRy かつ yRz だが xRz ではないとする。このとき，付値 v を，任意の $w \in W$ について，

$$v(w, p)=1 \Longleftrightarrow xRw$$

により定める（p 以外については任意）。このとき明らかに $v(x, \square p)=1$ だが，$v(z, p)=0$ であるため，yRz より $v(y, \square p)=0$ であり，さらに xRy より $v(x, \square\square p)=0$ である。フレーム F 上に定義した付値が反例モデルを構成しているため，$\square p \not\models^F \square\square p$ である。　　　　　□

　時制論理では，到達可能性 R は時点の前後関係を表すものと解釈される。そして，時点の前後関係は推移性を満たすと考えるのが自然だろう（x より y が後（xRy）で，y より z が後（yRz）なら，x より z のほうが後（xRz）である）。だから，上で述べたように，未来演算子［F］については $\square A \models \square\square A$ が妥当になる。だが，$\square$ と R を別の仕方で解釈すれば，R が推移性を満たすとはかぎらず，それゆえ，$\square A \models \square\square A$ が妥当になるとはかぎらない。上の例が示しているのはこういうことである。

2.3　対応理論

　例2のような推論と到達可能性の性質のあいだの関係は，この例にかぎらない一般的な現象である。以下では代表的な例を紹介する。その前にいくつか用語を定義する。

定義2（推論と到達可能性関係の性質の対応）

$$推論 S がフレーム F において妥当である$$
$$\Longleftrightarrow F 上の到達可能性関係 R が性質 P を満たす$$

が成り立つとき，推論 S と性質 P は**対応する**と言う（S が P を**定義する**とも言う）。

定義3

R が**反射的**（reflexive）$\Longleftrightarrow$ すべての x について xRx

R が**推移的**（transitive）$\Longleftrightarrow$ すべての x, y, z について xRy かつ yRz ならば xRz

R が**継続的**（serial）$\Longleftrightarrow$ すべての x について xRy なる y が存在する

R が**対称的**（symmetrical）$\Longleftrightarrow$ すべての x, y について xRy ならば yRx

R が**ユークリッド的**（euclidean）

$\qquad \Longleftrightarrow$ すべての x, y, z について xRy かつ xRz ならば yRz

---

これらに対応する推論のリストは次のように与えられる。

命題1　任意のフレーム $F = \langle W, R \rangle$ について次が成り立つ。

(T) $\qquad\qquad \Box A \vDash^F A \Longleftrightarrow R$ が反射的

(4) $\qquad\qquad \Box A \vDash^F \Box\Box A \Longleftrightarrow R$ が推移的

(D) $\qquad\qquad \Box A \vDash^F \Diamond A \Longleftrightarrow R$ が継続的

(B) $\qquad\qquad A \vDash^F \Box\Diamond A \Longleftrightarrow R$ が対称的

(5) $\qquad\qquad \Diamond A \vDash^F \Box\Diamond A \Longleftrightarrow R$ がユークリッド的

（左のタグはそれぞれの推論（公理）に付けられた慣習的な名前である。）

証明　右から左方向については例2と同じようにやれば，到達可能性関係の性質がどのように効いてくるか，よくわかるはずである。ここではより直観的でない左から右方向についてそれぞれ証明のスケッチを提示する。いずれも，右辺が成り立たないと仮定して，左辺に対する反例モデルを構成する付値を定義する（つまり対偶を示す）という手順である。

(T)　xRx が成り立たない $x \in W$ が存在すると仮定する。このとき，付値 v を，

$$v(w, p) = 1 \Longleftrightarrow xRw$$

と定義すると，$v(x, \Box p) = 1$ だが $v(x, p) = 0$ である。

(D)　xRy なる $y \in W$ が存在しない $x \in W$ が存在するとする。このとき，任意の命題変項 p について自明に $v(x, \Box p) = 1$ かつ $v(x, \Diamond p) = 0$ である。

(B)　xRy だが yRx ではないような $x, y \in W$ が存在するとする。このとき，付値 v を

$$v(w, p) = 1 \Longleftrightarrow yRw\ \text{ではない}$$

と定義すれば，$v(x, p) = 1$ かつ $v(x, \Box \Diamond p) = 0$ となる。

（5）　xRy かつ xRz だが yRz ではないような $x, y, z \in W$ が存在するとする。このとき，付値 v を，

$$v(w, p) = 1 \Longleftrightarrow yRw\ \text{ではない}$$

と定義すれば，$v(x, \Diamond p) = 1$ かつ $v(x, \Box \Diamond p) = 0$ となる。　　　　□

問題2　命題1の各項目の⇐方向を証明しなさい。

以上の対応関係から，さまざまな様相論理の体系と，それを定義づけるフレームを分類することができる。

定義4　様相論理の一般の（とくに性質を仮定しない）フレームを **K フレーム** と呼ぶ。到達可能性が，推論 $S_1, \cdots, S_n$ に対応する性質を満たすようなフレームを **$KS_1 \cdots S_n$ フレーム**と呼ぶ。

　任意の K フレームにおいて（すなわちすべてのフレームにおいて）妥当な推論の集合を **論理 K** と呼ぶ。任意の **$KS_1 \cdots S_n$** フレームにおいて妥当な推論の集合を **論理 $KS_1 \cdots S_n$** と呼ぶ。

「K」は可能世界意味論の考案者の一人であるクリプキ（Kripke）から来ている。追加条件なしのプレーンなフレームが K であり，それによって定義づけられる論理が **K** である。追加条件をもつフレームおよび論理は，その条件に対応する推論のコードによって呼ばれる。

例3　例えば，到達可能性関係が反射的であるフレームは KT フレーム，継続的かつ対称的なフレームは KDB フレームである。それらのフレームにおいて妥当な推論の集合がそれぞれ論理 **KT**，論理 **KDB** である。

　特殊な場合として，$KT4$ フレームおよび $KT5$ フレームはそれぞれ $S4$ フレーム，$S5$ フレームと呼ぶ。それに伴って，すべての $S4$ フレーム，$S5$ フレームにおいて妥当な推論の集合は，それぞれ論理 **S4**，論理 **S5** である。

命題2　ここで定義された論理 **$KS_1 \cdots S_n$** は，すべて論理 **K** の拡張（extension）である。すなわち，**K** において妥当な推論はすべて，**$KS_1 \cdots S_n$** においても妥当である。

証明　証明は練習問題とする。$n=1$ の場合，例えば **KT** が **K** の拡張になっていることを確かめよう（T の特定の性質は関係なく，D でも 5 でもよい）。それがわかれば一般の場合も明らかである。　　　　　　　　　　　　　　　　　□

問題3　2項関係 R が反射性，推移性，対称性の3つを満たすとき，R は **同値関係**（equivalent relation）であると言う。そこで，R が反射的でユークリッド的

ならば R は同値関係であり，その逆も成り立つこと（それゆえ論理 S5 は到達可能性が同値関係であるようなフレームに対応する論理であること）を証明しなさい。

　論理的な推論と集合上の関係の性質という異種のもののあいだに，このように明確な対応関係が成り立つというのは，それ自体としても興味深いし，また，大いに使いみちがある事実でもある。

　例えば，時制にかかわるある推論の妥当性について意見の相違が生じたとき，その論争がどうにも解決しがたいものだったとしても，問題設定を，その推論に対応する性質を時間の構造が満たすかどうかに移せば，解決の糸口が見えるかもしれない。つまり，対応理論を通じて，推論にかんする論理的な問題を，（時間などにかんする）形而上学的な問題へと変換して議論することができる。もちろんその逆，すなわち形而上学的な難問を論理的な問題に変換することも可能だろう。変換の方向性はその都度の論争状況で決めればよい。

　もう少し現実的に，工学的な応用も考えることができる。例えば，設計中のシステムの構造が所定の性質を満たしているかどうかを検証したいときには，そのシステムの構造をフレームとして記述した上で，そのフレームにおいて，その性質に対応する推論が妥当になるかをチェックするという方法がありうる。ここで紹介した様相・時制論理を拡張した，**時相論理**（temporal logic）という論理が，システム検証の分野でじっさいに用いられている。

Case Study │ ケーススタディ4

認識論理

　不定休のカフェが2軒。一方のカフェ a は毎日 SNS でその日営業するかどうかを知らせるが，もう一軒 b は SNS はやっていない。ある日，a は「きょうは休みます」とツイートしている一方，b のほうはどうかわからない。さて，b が営業していることに賭けるか，空振りを恐れて家でのんびりするか。

　この描写では，私のもっている情報と知識が問題になっている。そこで，「…であることを知っている（…であることがわかっている）」を表す**知識演算子** $[K]$ を導入しよう。p を「a は営業している」，q を「b は営業している」とすると，いまの状況においては，$[K]\neg p$ は真だが，$[K]q$ も $[K]\neg q$ も偽である。つまり，a が営業していないことはわかっているが，b のほうは営業しているかいないのかわからない。

　この「知っている」「わかっている」にかかわる推論の特徴を調べるために，可能世界を使ったモデルを考えよう。ここでは，p と q のみの真偽を考えることにすると，ありうるシナリオ（可能世界）は以下の4通りである。

$$x_1 \xleftrightarrow{\;R\;} x_2 \qquad\qquad x_3 \xleftrightarrow{\;R\;} x_4$$
$$+p,+q \qquad +p,-q \qquad\qquad -p,+q \qquad -p,-q$$

　このうち，現実世界は二重円で示した x_3 としよう。つまりじっさいには b は営業している（ただし私はそれを知らない）。

　矢印はこの場合，（入手可能な情報のもとでの）シナリオの間の**識別不可能性**を表す。いまは x_3 が現実だが，SNS の情報だけでは，x_3 と x_4 がどちらが現実なのか私には識別不可能である（だから矢印でつながる）。他方で，a のツイートから，x_1，x_2 が現実でないことはわかる。つまり，x_3 と x_1，x_2 はそれぞれ識別可能である（だから矢印でつながらない）。同様に，x_2 が現実のときは，x_3，x_4 が現実でないことはわかるが，x_1 なのか x_2 なのかは識別不可能である。

このような可能世界のモデルにおいて，知識演算子の真理値の条件は次のように定義される。

$$v(x, [K]A) = 1 \iff xRy \text{ なるすべての } y \text{ について } v(y, A) = 1$$
$$\iff x \text{ と識別不可能なすべてのシナリオ } y \text{ について } v(y, A) = 1$$

言い換えると，手持ちの情報によって現実と識別可能なすべてのシナリオを排除したときに，残ったシナリオすべてで成り立っている事柄については「知っている」と言えるということである。

$[K]$ は必然性演算子□と同じように定義されているので，論理 K において妥当な推論はすべて当てはまる。それに加えて，ここでの到達可能性関係 R は，識別不可能性という解釈に基づけば，いくつかの追加の性質を満たしそうである。まず，すでに図でも示しているように，R は対称的だろう。x_1 が x_2 と識別不可能なら，反対に x_2 も x_1 と識別不可能と見なすのが自然である。また図には示していないが，すべてのシナリオは自分自身と識別不可能，つまり R は反射性を満たすだろう。さらに，x_1 と x_2 が，そして x_2 と x_3 が識別不可能なら，x_1 と x_3 も識別不可能，つまり R は推移的でもあるはずだ。すると，ひとまず $[K]$ の論理は S5 ということになりそうである。

以上のように展開される論理を**認識（知識）論理**（epistemic logic）と呼ぶ。ここで扱ったのは私一人の知識だけだが，$[K]_a, [K]_b, [K]_c, \cdots$ のようにインデクスを付けて，a 氏や b 氏，c 氏…それぞれの知識を表現する，マルチエージェントの知識表現の枠組みも作ることができる。それを用いると例えば，**共有知識**（全員が p と知っており，また「全員が p と知っている」ことを全員が知っており…）のパズルのような興味深い問題を検討することができる。

また，知識の重要な性質は，新しい情報によってアップデートされていくと

いうことである。**動的認識論理**（dynamic epistemic logic）では，情報の公表（public announcement）といった出来事の後に各エージェントの知識状態がどのようにアップデートされるかが，モデル構造自体の改変操作（公表された情報により排除される可能性を削除する）によって表現される。

Active Learning ｜ アクティブラーニング 4

S5の特別な性質[*]

　すべての世界からすべての世界に到達可能な普遍的なフレームを考える。すなわち,

$$すべての x, y について\ xRy$$

が成り立つようなフレームである。このとき, 次の 2 つが同値であることを示しなさい。

- すべての普遍的なフレーム F において $X \models^F A$
- すべての $S5$ フレーム F において $X \models^F A$

ヒント：$S5$ フレームでは R は同値関係であることを利用する。

認識論理

　先のケーススタディでは, 識別不可能性は反射的, 対称的, かつ推移的であり, それゆえ $[K]$ の論理は S5 であると結論した。しかし, 推論の観点からするとこれは受け入れられるだろうか。

　知識はふつう「正当化された真なる信念」と定義されるので, 反射性に対応する $[K]A \models A$（知識ならば真）は問題ないだろう。それでは, 推移性に対応する $[K]A \models [K][K]A$（A を知っているなら, 知っていることを知っている）は妥当だろうか。さらに, $\langle K \rangle$ を, $[K]$ の双対に当たる可能性タイプの演算子（すなわち $\langle K \rangle A = \neg[K]\neg A$ を満たす）とすると, 対称性に対応する $A \models [K]\langle K \rangle A$ は何を意味するだろうか, そして妥当だと見なしうるだろうか。

信念の論理

───────────

　［*B*］を（「知っている」ではなく）「…であることを信じている」を表す信念
演算子とする。話をかんたんにするため，［*B*］も，［*K*］と同じように識別不
可能性によって定義されるとする。ただし，妥当となる推論（および識別不可
能性の満たす性質）は［*K*］の場合と異なるはずである。例えばおそらく，反射
性に対応する［*B*]*A* ⊨ *A* は妥当ではなく，継続性に対応する［*B*]*A* ⊨ ⟨*B*⟩*A*
は妥当となる（⟨*B*⟩A = ¬［*B*]¬*A* とする）。それはなぜか，知識と信念のちがいに
注目して理由を考えなさい。

第5章

古典述語論理(1)
量化子

ここからの３章では**古典述語論理**を学ぶ。古典命題論理に**量化子**，すなわち「すべて」および「存在する」を表す演算子を加えた論理である。

これまでに出てきた定義やそれを使った証明では，「すべての」や「存在する」がよく使われていることに気づいただろうか。例えば，推論の妥当性は「反例モデルが存在しない」だし，必然性は「すべての到達可能な世界で真」である。これは論理学に特有のことではなく，数学全般に当てはまることである。すなわち，数学的な概念を定義し，それを使った証明を展開するには，「すべて」と「存在する」が必要不可欠なのである。さらに言えば，それで十分でもあるとも考えられている。つまり，命題論理の演算子に「すべて」と「存在する」を加えて，数字や各種の数学記号を組み合わせれば，表現できない概念や証明はないだろうということである。古典述語論理は，数学をすべて論理式で表せるようにしてしまおうという論理なのである。

このようなきわめて強い表現力をもつ論理であるため，言語やモデルもこれまでよりもかなり複雑になる。この述語論理パートではとくに，技術的な細部にはあまりこだわらずざっくりと説明していくので，ざっくりと理解していってほしい。

KEYWORDS #古典述語論理 #量化子

1｜否定と量化のスコープ

　古典述語論理（以下では「述語論理」と省略する）の量化子を含む論理式の考え方は，これまでの論理式と同様に，数学における文字式の使い方をもとにしているが，文字式の表現力の限界を補うという側面ももっている。具体例に即して見ていこう。

・

1.1　変数による普遍性の表現とその限界

　例えば，

（ｉ）
$$x \times 2 = 2 \times x$$

は，どんな数 x についても，それに 2 をかけた数と，2 にその数をかけた数は同じだと述べている。数式における変数は普遍性（すべての，どんな…についても）を表すひとつの手段である。あるいは，法則の表現と言ってもよいだろう。上の式は掛け算の交換法則（の一例）である。

　変数が普遍性を表現できるのは，変数というのがさまざまな数を代入するための装置だからである。上の式は，x にいろいろな数を代入したすべての事例

$$0 \times 2 = 2 \times 0$$
$$1 \times 2 = 2 \times 1$$
$$2 \times 2 = 2 \times 2$$
$$\vdots$$

が真になると言っている。あるいは，これらの代入事例すべてをまとめて表現するための装置が変数だと言ってもよいだろう。

　ここまではよい。しかし変数による表現には限界がある。例えば，

（ii）
$$x \neq x + 1$$

はどう読めばよいだろうか（≠ は等号の否定である）。これはおそらく，すべての代入事例が成り立つ，すなわち，

$$0 \neq 0+1$$
$$1 \neq 1+1$$
$$2 \neq 2+1$$
$$\vdots$$

がすべて成り立つというのが素直な読み方だろう（じっさいこれらはすべて成り立つ）。では，次はどうだろうか。

(iii) $$x \not< x^2$$

これを同じように読むとすれば，すべての代入事例

$$0 \not< 0^2$$
$$1 \not< 1^2$$
$$1 \not< 2^2$$
$$\vdots$$

が成り立つという読みになるが，これには違和感が生じるだろう。たしかに $0 \not< 0^2$ や $1 \not< 1^2$ はよいが，x が 2 以上ならつねに $x < x^2$ となるからである。

　ふつうに推測するなら，元の式を書いた人の意図は，「どんな x についても $x \not< x^2$」ではなく，「どんな x についても $x < x^2$ となる，わけではない」「$x \not< x^2$ になるような x が存在する」だったはずだ。これは，先ほどの $x \neq x+1$ とはちがう読み方である。

　つまり，同じように変数と否定を使っている式でも，2 通りの読み方が可能だということである。すなわち，全否定と部分否定である。

- 全否定：すべての代入事例について $\neq$ が成り立つ（$x \neq x+1$）
- 部分否定：すべての代入事例について $<$ が成り立つとはかぎらない，$\not<$ になる場合もある（$x \not< x^2$）

　問題は，いまじっさいに示したように，式がどちらの否定を表しているかを，その式の形から，ビジュアルに見てとることができない，ということである。2 例めを部分否定として解釈するためには，意図を推測する必要があった。

・

1.2　否定と量化子のスコープ

　全否定と部分否定のちがいは，次のように少し（人工的なカッコも使いながら）書き足せばはっきりするだろう。

- 全否定：すべての x について $[x \neq x+1]$
- 部分否定：[すべての x について $x < x^2$] とはかぎらない

　否定したものを普遍化したのが全否定であり，普遍化したものを否定したのが部分否定である。つまり両者のちがいは，否定と普遍化が作用する順番のちがいであり，それらの作用する範囲，すなわち**スコープ**のちがいである。

　述語論理の**量化子**は，このちがいを誤解の余地なく明瞭に表すことができる。新しい演算子 $\forall$ を導入しよう。"All" の "A" を逆さまにした記号である。**普遍量化子**あるいは**全称量化子**（universal quantifier）と呼ぶ。$\forall$ は何らかの変項（ここでは x）とともに次のような論理式を形成する。

$\forall x A(x)$　すべての x について $A(x)$ である。

　$A(x)$ は変項 x が含まれるような論理式である（論理式では x には数以外も代入されるので，x は変数ではなく変項と呼ぶ）。

　これまでは変項（変数）を普遍性の表現であると見なしてきたが，普遍量化子はそれを改めて明示的に表現する記号である。ここまでに見た文字式のうち，最初の例（ⅰ）は，

$$\forall x(x \times 2 = 2 \times x)：すべての x について x \times 2 = 2 \times x が成り立つ$$

と書かれることになる。これだと記号が増えてめんどくさいだけだが，本領が発揮されるのは，否定が絡む例である。全否定と解釈した（ⅱ）は，

$$\forall x \neg(x = x+1)：すべての x について \neg(x = x+1) である$$

と書くことができる（対比を鮮明にするために，$\neq$ の代わりに否定の演算子を使っている）。対して，部分否定と解釈した（ⅲ）は，

$\neg\forall x(x < x^2)$：どのような x についても $x < x^2$ が成り立つわけではない

と書ける。一般にはこうなる。

全否定 $\forall x\neg A(x)$　　すべての x について $\neg A(x)$ である。

部分否定 $\neg\forall x A(x)$　　すべての x について $A(x)$ であるわけではない。

　上で説明した否定と普遍化の作用の順番のちがい，そしてスコープのちがいが，はっきりと表されている。念のため確認してみよう。これらの論理式の構造は次のような木で表すことができる。

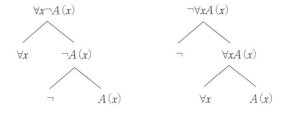

　これらは，それぞれの論理式を次のように読むよう示している。左の全否定 $\forall x\neg A(x)$ は，まず $A(x)$ を $\neg$ で否定し，次に，$\neg A(x)$ に $\forall x$ を付けて普遍化したものである。つまり，ここでの否定のスコープ（作用が及ぶ範囲）は $A(x)$，普遍量化子のスコープは $\neg A(x)$ である。対して，右の部分否定 $\neg\forall x A(x)$ は，普遍命題 $\forall x A(x)$ を否定した形である。それゆえ，こんどは普遍量化子のスコープが $A(x)$，否定のスコープが $\forall x A(x)$ である。

　このように，述語論理の論理式では，否定と量化子のスコープのちがいを明確にし，それによって全否定と部分否定のちがいを明確に表現することができる（スコープの概念については，上の説明で基本的な理解には十分だろうということで，厳密な定義は省略する）。

・

1.3　存在量化子

　ところで，部分否定 $\neg\forall x A(x)$ は，$A(x)$ ではない x も存在するという仕方で，「存在」の概念を含んでいる。全否定 $\forall x\neg A(x)$ も，裏返して考えれば，$A(x)$ を

満たすxは存在しないと言い換えることができる。つまり，普遍性は，否定を介して，存在と関係づけられる。この「存在」を表す演算子として，**存在量化子**（existential quantifier）を導入しよう。Existence の E を回転させた記号 ∃ を用いる。

$\exists x A(x)$ $A(x)$を満たすxが存在する。

$\forall x A(x)$が真になるのが，xへの代入事例がすべて真になるときであるのに対して，$\exists x A(x)$は，少なくとも 1 つの代入事例が真になれば真である。普遍性と存在の関係は次のようになる。

- 全否定 $\forall x \neg A(x)$ と $\neg \exists x A(x)$ は論理的に同値である
    - （すべての x について $\neg A(x)$ である ＝ $A(x)$ であるような x は存在しない）
- 部分否定 $\neg \forall x A(x)$ と $\exists x \neg A(x)$ は論理的に同値である
    - （すべての x が $A(x)$ というわけではない ＝ $\neg A(x)$ を満たす x が存在する）

　普遍と存在は否定を介してちょうどひっくり返る関係，つまり双対関係にある。ここまでくると，様相演算子のことがアタマに浮かんできているのではないだろうか。全否定と部分否定，そして 2 つの演算子の関係については，以下の形ですでにおなじみのはずである。

- $\Box \neg A, \neg \Diamond A$：すべての到達可能世界で A の否定が真，A が真になる到達可能世界は存在しない（全否定）
- $\neg \Box A, \Diamond \neg A$：すべての到達可能世界で A が真なわけではない，A が偽になるような到達可能世界もある（部分否定）

　様相演算子も，否定との順番のちがいによって，言い換えればスコープのちがいによって，全否定と部分否定を（ある意味で）表現しわけている。つまり，$\Box$はある種の$\forall$で，$\Diamond$はある種の$\exists$なのである。これは，$\Box$の真理条件が「すべての」で，$\exists$が「存在する」を使って定義されていることからして当然ではある。述語論理と様相論理の関係については後で戻ってくる。

2│古典述語論理の言語

前置きがだいぶ長くなったが，2つの量化子についての基本的な考え方は把握してもらえたのではないかと思う。以下では，量化子を含む古典述語論理の言語を少しフォーマルに定義する。

••
2.1　言語の定義

定義1（語彙）　古典述語論理の言語は次の語彙からなる。

- 個体変項（individual variables）：$x, y, z, \cdots$
- 個体定項（individual constants）：$a, b, c, \cdots$
- 述語（predicates）：$P, Q, R, \cdots$
- 命題演算子：¬，∧，∨，→
- 量化子：∀(普遍量化子)，∃(存在量化子)
- 補助記号（カッコ）：(,)

個体変項・定項をまとめて**項**（term）と呼ぶ。

注意　混同のおそれがないときは，個体変項・定項をたんに変項・定項と呼ぶ。各述語には項数が決められているものとする（項数とは何かはすぐ後で見る）。項数1の述語は1項述語，2なら2項述語と呼ぶ。

定義2（論理式）　古典述語論理の論理式は次のように帰納的に定義される。

- $t_1, \cdots, t_n$ が項であり，P が n 項述語ならば，

$$Pt_1\cdots t_n$$

　は論理式であり，とくに**原子式**（atomic formula）と呼ばれる。

- A と B が論理式ならば，

$$\neg A, (A \wedge B), (A \vee B), (A {\rightarrow} B)$$

　は論理式である。

- A が論理式であり，x が個体変項ならば，

$$\forall x A, \exists x A$$

　は論理式である。

これまでと同様，もっとも外側のカッコは省略する。

2.2　原子式──項と述語

　これまでの論理とちがうのは，原子式と量化子の部分である。量化子についてはすでにある程度説明したので，ここでは原子式について説明しよう。

　これまで，もっとも単純な論理式は**命題変項**であった。命題変項は1文字で自然言語の文（命題）に対応するので，これまでの古典命題論理や様相論理の言語では，単文の内部構造にまでは立ち入らなかった。命題論理と呼ばれるゆえんである。

　述語論理ではそれが変わる。もっとも単純な論理式である原子式は，項と述語からなる（それゆえに述語論理である）。項と述語はそれ自体では論理式ではなく，それらが組み合わさってはじめて1つの論理式になる。以下で見るように，論理式にも，自然言語の単文の内部構造にあたる構造が備わるようになるのである。

　原子式は，（項が表す）個体のあいだに，（述語の表す）関係が成り立っていることを表現する。述語にはそれぞれ項数が決まっていて，2項述語なら2つの個体のあいだの関係を，3項述語なら3つの個体のあいだの関係を表す。4項述語くらいになると，自然言語での対応物を探すのは難しいが，数学的には青天井で増やしてもよい。これらに倣うと1項述語は「1つの個体のあいだの関係」となるので不自然だが，この場合は1つの個体がもつ性質と考えればよい（0項述語というのが考えられるとすれば，何だろうか？）。

　項には定項と変項があり，変項はすでに説明したように量化子と連動させて

用いる。定項は，自然言語の名前（固有名）にあたる。数式で言えば $x, y, z, \cdots$ のような変数と，$0, 1, 2, 3, \cdots$ のような数字の対比で考えてもらえばよい。以下では，日本語との対応関係を見ていこう。

例1　定項 a を「ソクラテス」，b を「プラトン」とし，1項述語 P を「人間である」，2項述語 Q を「弟子である」とする。すると，これらから作られる原子式は，

$$Pa：ソクラテスは人間である$$
$$Qab：ソクラテスはプラトンの弟子である$$
$$Qba：プラトンはソクラテスの弟子である$$

のように読むことができる。定項や変項が述語の右に置かれる書き方は，$f(x)$，$g(x, y)$ のような数学における関数表記から来ている。

　原子式を古典命題論理の演算子 $\wedge$，$\vee$，$\rightarrow$，$\neg$ で組み合わせる仕方はこれまでと同じである。普遍量化子 $\forall$ は「すべての」，存在量化子 $\exists$ は「存在する」を表現するわけだが，日本語との対応で言えば，以下の形の論理式が，それぞれの量化子の典型的な使い方である。

- $\forall x(Px \rightarrow Qx)$：すべての x について，Px ならば Qx である。すべての P は Q である
  例：すべての哲学者（P）は論理学を学んでいる（Q）
- $\exists x(Px \wedge Qx)$：P かつ Q なる x が存在する。P なる Q（あるいは Q なる P）が存在する
  例：哲学者（P）でありかつ論理学を学んでいる（Q）人が存在する。論理学を学んでいる哲学者が存在する

　両者は次の仕方で密接に関係している。すなわち，

- $\neg\forall x(Px \rightarrow Qx)$：すべての P が Q なわけではない
  例：すべての哲学者が論理学を学んでいるわけではない
- $\exists x(Px \wedge \neg Qx)$：$Q$ ではない P が存在する
  例：論理学を学んでいない哲学者が存在する

は論理的に同値になる。（述語論理のモデルはまだ定義していないが）どのような
モデルでも同じ真理値をとるということである。否定を入れ替えるだけだが，
次の2つも論理的に同値になる。

- $\forall x(Px \rightarrow \neg Rx)$：すべての P は R ではない

  例：すべての哲学者は論理学が嫌いである（好きではない）
- $\neg \exists x(Px \wedge Rx)$：$R$ であるような P は存在しない

  例：論理学が好きな哲学者などいない

問題1　オイラー図という表記法では，$\forall x(Px \rightarrow Qx)$ が表す状況は，

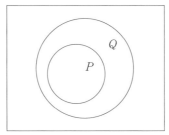

と表される。P を満たすものの集合が，Q を満たすものの集合の部分集合に
なっているということである。このとき，

(1) $\qquad\qquad\qquad \neg \forall x(Px \rightarrow Qx)\,[\exists x(Px \wedge \neg Qx)$ でも同じ$]$

(2) $\qquad\qquad\qquad \forall x(Px \rightarrow \neg Rx)\,[\neg \exists x(Px \wedge Rx)$ でも同じ$]$

が表す状況を同様にオイラー図で描写し，言葉でも説明してみよう。

問題2　1項述語 P は「哲学者である」，2項述語 Rxy は「x は y の弟子であ
る」，個体定項 a は「ソクラテス」を表すものとする。このとき，次の論理式
を自然な日本語に翻訳しなさい。

(1) $\qquad\qquad\qquad\qquad \forall x(Px \rightarrow Rxa)$

(2) $\qquad\qquad\qquad\qquad \neg \forall x(Px \rightarrow Rxa)$

(3) $\qquad\qquad\qquad\qquad \neg \exists x(\neg Px \wedge Rxa)$

(4) $\qquad\qquad\qquad\qquad \forall x(\neg Px \rightarrow \neg Rxa)$

Case Study ｜ ケーススタディ5

量化と総称文

　量化子とは一般に，量（ないし数）を表す表現である。そのなかでも，述語論理で扱う「すべて∀」は「ひとつの例外なく100％」という，かなりはっきりとした，極端な量を表す量化子である（「存在する∃」はその双対「0％ではない」である）。しかし，私たちの日常はもうちょっといい加減で，「ほとんどの学生が合格した」「合格した学生はあまりいなかった」など，100％でも0％でもない，中間的な量を表現する量化表現も多く使われる。標準的な論理学ではこれらは扱われない。論理学のお隣さんと言ってもよいであろう，言語学の形式意味論でも，多様な量化表現の意味論は，まだまだこれからの発展に期待という状況のようである。述語論理は非常に強力な論理だが，こうした理論的な限界もきちんと把握しておく必要がある。

　もうひとつ認識しておくべきは，**総称文**（generics）の問題であろう。上の例で用いた文を少し言い換えて考えてみよう。

　⑴　すべての哲学者は論理学が嫌いである
　⑵　哲学者は論理学が嫌いである

　⑴は例外を許容しない「すべて」が明示的に使われている全称文である。しかし，⑵は哲学者について一般的な描写をしているだけで，例外を許容しないわけではなさそうだ。では，「ほとんどの哲学者は」などと量の多さを主張しているのかと言うと，そうともかぎらないだろう。わずか数人の著名な哲学者の論理学嫌いを根拠に⑵と主張する人もいるかもしれない。

　⑵のように，複数のものについて一般的な描写を行う文を総称文と呼ぶ。私たちの生活は総称文に満ちている。「この店の料理は間違いない」「新聞は事実を報道する」「X大学の学生は変人だ」などなど。私たちは総称文を使って世界を認識し，多かれ少なかれ，それにもとづいて行動している。

　気をつけないといけないのは，総称文は全称文と混同されやすいという点である。例えば，「きみ，X大学なんだ，じゃあ変人なんだね」などと言われてムッとなったりする。その人は，「X大学の学生は変人だ」という総称文を全称文と見なして，そこから「きみも変人」と導いているわけだ（この結論は，「X大学のすべての学生は変人だ」と全称文で理解しなければ論理的には出てこない）。これはささいな摩擦かもしれないが，もっと深刻な事例もすぐに想像できるはずだ。つまり，総称文は全称文との混同を通じて，個人への偏見の押し付けにつながる危険性をもっている。

　ではなぜ，総称文は全称文と混同されやすいのか。それは，例えば哲学者やX大学の学生の重要な性質を，もっと言えば本質を言い当てているように思えるからだろう。Xの本質とは，少なくとも，それをもっていなければXではないと言えるような性質である。変人性はX大生の本質だ，だから，変人ではないX大生は，少なくともふつうのX大生とは言えない，ふつうのX大生は全員変人なのだ。このような思考作用がはたらいていると考えられる。

　「本質」はたんなる事実を記述する言葉ではなく，ある一定の価値づけを含んでいる。総称文にもとづいて不注意に判断を下すことは，ある人やモノをふつうではないもの，さらには劣ったものとして，不当に扱ってしまうことにつながる。論理学にできることは少ないが，総称文と全称文の混同を避けよという注意喚起くらいは可能かもしれない。巻末の文献案内で紹介した2篇をぜひ参照してほしい。

Active Learning ｜ アクティブラーニング 5

Q.1

数を表現する

────────

　量化子は量を表現すると言っても，「すべての」「存在する」だけでは，つまり「100」か「0 でないか」だけでは粗すぎる。もっと具体的な数を表現することはできないか。等号と組み合わせれば，できる。

　∃xPx は，P であるものが少なくとも１つ存在するということだ。では「ちょうど１つ」はどう表現するか。ちょうど１つとは，少なくとも１つあり，かつ，２つ以上は存在しない，だ。そして，「２つ以上は存在しない」は，

$$\forall x \forall y ((Px \wedge Py) \rightarrow x = y)$$

と表せる。P である x と y があれば，それらはじつは同じ１つのものでしかない，つまり，P であるものは２つ以上はない，ということだ。ということで，$\exists x Px \wedge \forall x \forall y ((Px \wedge Py) \rightarrow x = y)$ が「P であるものがちょうど１つ存在する」を表す。では，「P であるものがちょうど２つ存在する」はどうやって表現できるだろうか？「ちょうど１つ」の場合と同じように，「少なくとも２つ」と「３つ以上は存在しない」の連言として考えてみよう。

Q.2

自己愛のパラドクス

────────

　a 氏は思う。「自分が好き」というのは健全で結構なことかもしれないが，ちょっとくらい自己嫌悪な人のほうが陰があっていいような気もする。ということで，

　　（＊）a 氏が好きになるのは，自分のことを好きではない人ばかりであり，反対
　　　　に自分のことを好きではない人なら，a 氏は誰にでも好意をもってしまう。

　では，a 氏は a 氏自身のことは好きなのだろうか？それとも嫌いなのだろうか？（＊）を論理式で表して，考えてみよう。ヒント：Lxy を「x は y が好きである」とすると，Lxx で「x は自分のことが好き」を表すことができる。

第6章

古典述語論理(2)
多重量化

　本章のテーマは**多重量化**, すなわち複数の量化子が重なって現れる論理式（ないし文）である。論理学の歴史は古代ギリシアにまで遡るが, 多重量化のかかわる推論の妥当性を体系だてて扱えるようになったのは, 19世紀になってようやくのことである。そしてそれが, それまでの伝統とは明らかに一線を画する, 現代の論理学の始まりでもあった。

　多重量化が問題になるのは,「すべて」と「存在する」の組み合わせによって生じる意味のちがいを, 自然言語では明確かつ簡潔に表すことが難しいからである。不注意な言い方をするとすぐに混乱が生じるし, それを避けようとすれば話が長くなる。本章の前半では例を使って, 述語論理の量化子がいかにその困難を乗り越えているかを説明する。

　章の後半では,**述語論理のモデル**を定義する。前半のインフォーマルな説明を厳密にしただけのもので, それほど新しいことはないのだが, 次章での様相論理との関係についての議論で必要になるので, いちおう定義しておく。あまり細部にはこだわらず, ざっくり概観を掴んでもらえればと思う。

KEYWORDS　#多重量化　#述語論理のモデル

1│多重量化

·

1.1　2つのブランド戦略

　例で考えよう。アパレルブランドを立ち上げるにあたり，ブランドの戦略を
練る必要がある，としよう。目標はもちろん，「みんなに愛される服を作りた
い」である。ただし，これでは曖昧で，ブランドがうまくやっていくためには
もう少し丁寧に考える必要がある。というのは，これを実現するためには2通
りのルートがあると思われるからだ。

■普遍的なデザイン　ひとつめは，さまざまな年齢，さまざまな趣味の人全員
（$a_1, a_2, a_3, \cdots$とする）が気に入るような，普遍的なデザイン（bとする）を作るこ
とだ。図で書くなら，

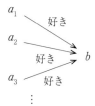

となるbを作ろう，ということである。

■ターゲットに合わせたデザイン　もうひとつは，さまざまな年齢・趣味の人
（$a_1, a_2, a_3, \cdots$）それぞれに応じて，ターゲットを絞って訴求力を上げたデザイン
（$b_1, b_2, b_3, \cdots$）を作ることだ。図で書くなら，

$$a_1 \xrightarrow{\text{好き}} b_1$$

$$a_2 \xrightarrow{\text{好き}} b_2$$

$$a_3 \xrightarrow{\text{好き}} b_3$$

$$\vdots$$

という具合である。$b_1, b_2, b_3, \cdots$は，$a_1, a_2, a_3, \cdots$ごとに異なっていてかまわない
（もちろん同じ趣味の人が複数いて，同じひとつのbを気に入るということがあって

もよい）。

　最初のケースでは，最大公約数的な（それでいて他社とは差別化できるような）デザインを考える必要がある。第二のケースでは，エッジの効いたデザインも採用できるだろうが，そうしたものをターゲットに合わせて複数作る必要がある。どちらが上手くいくかはわからないが，少なくとも，この2つのちがいをしっかり認識できないようでは，ビジネスの成功はおぼつかないだろう。

・

1.2　∃∀と∀∃

　さて，論理学が現実のビジネスに寄与するとは思えないが，少なくとも，2つの戦略が目指す状況のちがいを，論理式で明瞭に書き表わすことはできる。Rxy で「消費者 x がデザイン y を好きになる」を表すことにすると，

- 第一のケース：$\exists y \forall x Rxy$ ＝ すべての x について Rxy が成り立つような，そのような y が存在する ＝ 最大公約数的デザインを提示できる
- 第二のケース：$\forall x \exists y Rxy$ ＝ それぞれの x に応じて，Rxy が成り立つような y が存在する ＝ 消費者それぞれに応じたデザインを提示できる

となる。ちがいは，"∃∀" と "∀∃" という量化子の順番にある。これは前章で見た，全否定（∀¬）と部分否定（¬∀）の場合と同じく，量化子のスコープのちがいをもたらす。つまり，第一のケースでは「$\forall x Rxy$ となる y が存在する」なので，存在量化子のスコープのほうが普遍量化子より広いのに対し，第二のケースは反対に普遍量化子のスコープのほうが広い。

　量化子の順番およびスコープのちがいが，それぞれの論理式の表す内容のちがいをどのように生み出すか見てみよう。すでに見たように，量化子を含む論理式の真偽は変項への代入で考える。改めて確認すると，

- $\forall x\, A(x)$ が真$\Longleftrightarrow x$ に何を代入しても $A(x)$ が真になる
- $\exists x\, A(y)$ が真$\Longleftrightarrow x$ への代入事例が少なくともひとつ真になる

であった。そして，量化子が並んでいる場合，真偽を判定するための代入は左から順番に行う。例えば第一のケース $\exists y \forall x Rxy$ では，$\exists y$ が左にあるので，まず最初は，$\forall x Rxy$ における変項 y への代入事例を考えるのである。

■第一のケース　すると，$\exists y \forall x Rxy$ が真になるのは，変項 y への代入事例

$$\forall x Rxb_1, \forall x Rxb_2, \forall x Rxb_3, \cdots$$

のなかにひとつでも真になるものがある場合である。それは b_1 かもしれない
し，b_3 かもしれないが，b と表すことにしよう。つまり，$\forall x Rxb$ が真になれば
よい。そして，この $\forall x Rxb$ が真になるのは，x への代入事例

$$Ra_1b, Ra_2b, Ra_3b, \cdots$$

がすべて真になる場合である。第一のケースの図の記述になっているはずである。

■第二のケース　他方，$\forall x \exists y Rxy$ が真になるのは，$\forall x$ の x への代入事例

$$\exists y Ra_1y, \exists y Ra_2y, \exists y Ra_3y, \cdots$$

がすべて真になる場合である。そして，これらが真になるのは，それぞれに y
への代入事例で真になるものが少なくともひとつある場合である。注意すべき
は，これらは別々の論理式なので，a_1 に対する y，a_2 に対する y，a_3 に対する y，
…は同じものでなくともかまわないということだ（同じものでもよいのだが，そ
うである必要はない）。つまり，

$$Ra_1b_1 \text{となる } b_1 \text{がある} \Rightarrow \exists y Ra_1y \text{ が真}$$
$$Ra_2b_2 \text{となる } b_2 \text{がある} \Rightarrow \exists y Ra_2y \text{ が真}$$
$$Ra_3b_3 \text{となる } b_3 \text{がある} \Rightarrow \exists y Ra_3y \text{ が真}$$
$$\vdots$$

と $a_1, a_2, a_3, \cdots$ のそれぞれに応じて，少なくともひとつ $b_1, b_2, b_3, \cdots$ が見つかれ
ば十分である。第二のケースの図は，$Ra_1b_1, Ra_2b_2, Ra_3b_3, \cdots$ という状況を表し
ている。

■帰結関係　以上の議論から，第一のケースと第二のケースの間の帰結関係も
明らかになっているはずだ。第二のケースで各 x に対して提示される y は，す
べて同じものでもよい。それゆえ，$\exists y \forall x Rxy$ が真であれば，つまり誰にでも気

に入られる服をデザインできれば，$\forall x \exists y Rxy$ も真，つまりそれぞれの人に応じたデザインが用意できたとも言える。しかしその逆は成り立たないだろう。つまり，$\forall x \exists y Rxy$ が真だからといって，$\exists y \forall x Rxy$ が真とはかぎらない。まとめると，両者のあいだには，

$$\exists y \forall x Rxy \models \forall x \exists y Rxy \qquad \forall x \exists y Rxy \not\models \exists y \forall x Rxy$$

という関係が成り立つ（まだ述語論理の妥当性は正式には定義していないが）。

　ここに出てきた $\exists y \forall x Rxy$，$\forall x \exists y Rxy$ のように，量化子が複数連なって使われている論理式（ないし文）を**多重量化**と言う。日本語では，「うちのブランドにはみんなが気に入る服があります」のように言っても，第一のケースなのか，第二のケースなのか，判然としない場合がある。自然言語で多重量化を明晰に表現するのはなかなかに難しい。
　日常生活では，会話の背景情報で意味を補ったり，上のように図を描いたり，あるいはナアナアでごまかしたりでやっていくわけだが，（ケーススタディで後述するように）数学における定義や証明では多重量化が頻繁に用いられ，しかも $\exists\forall$ と $\forall\exists$ のちがいがきわめて重要となる場合も多い。量化子の順番によってこのちがいをビジュアルに表すことのできる述語論理の表記法は，現実の数学の定義や証明でも役に立っている。

問題1　自然数 $0, 1, 2, 3, \cdots$ は，

$$0 \xrightarrow{<} 1 \xrightarrow{<} 2 \xrightarrow{<} 3 \cdots$$

という具合に，大小関係<で関係づけられている（<は推移的なので，例えば $0 < 2$ でもあり，それゆえ0と2のあいだにも矢印は無いといけないが，煩雑になるため省略している）。
　(1)　次の論理式が自然数の構造を表現しようとしていると考える。

　　（a）　　　　　　　　　　　$\forall x \exists y (x < y)$
　　（b）　　　　　　　　　　　$\exists y \forall x (x < y)$

（b）は，すべての自然数 x について $x < y$ となる y が存在する，つまり，「どんな自然数よりも大きな自然数が存在する」ということを表す。同じように（a）を，x や y といった変数を使わない，なるべく自然な日本語に翻訳しなさい。その上で，自然数について真になるのは（a）か（b）か考えなさい。

(2)　Px は「x は素数である」を表すものとする。P と $<$ を用いて「最大の素数は存在しない」を論理式で表しなさい。

2｜古典述語論理のモデル

　ここまでは，述語論理の論理式の読み方を学び，それらがどのような状況を表しているかを，図を用いてインフォーマルに理解してきた。以下では，その理解を述語論理のモデルとして厳密に定義する。本質的に新しい情報はほとんどなく，かなり煩雑な記号の羅列が続くので，退屈に感じる人はざっと流し読みだけしておいて，今後どこかで疑問が出てきたときに読み直してもらうのでよいと思う。

定義1（自由変項・束縛変項）　論理式 A に現れる**自由変項**の現れの集合 $FV(A)$ を次のように再帰的に定義する。

- A が原子式 $Pt_1 \cdots t_n$ のとき：$FV(A)$ は A 中の変項の現れすべての集合である。
- A が $\neg B$, $B \wedge C$, $B \vee C$, $B \rightarrow C$ の形のとき：
$$FV(\neg B) = FV(B)$$
$$FV(B \wedge C) = FV(B \vee C) = FV(B \rightarrow C) = FV(B) \cup FV(C)$$
- A が $\forall xB$, $\exists xB$ の形のとき：
$$FV(\forall xB) = FV(\exists xB) = FV(B) - \{x\}$$

自由変項ではない変項の現れを**束縛変項**と呼ぶ。特に上の $\forall xB$, $\exists xB$ のケースにおける x は，$\forall$ や $\exists$ によって**束縛される**（だから自由でなくなって自由変項の集合から削除される）と言う。自由変項を含まない論理式を**閉じた論理式**と呼ぶ。

例1　少し極端な例だが,

$$Px \land \forall x (Qxy \land \exists x Rxz)$$

では, 自由変項は Px の x と, Qxy の y, Rxz の z である。他方で, Qxy およ
び Rxz の x は, それぞれ $\forall x$ および $\exists x$ によって束縛されている。つまりそれ
らは束縛変項である。

定義2（代入）　論理式 A 中の自由変項（例えば）x および x, y に注目するときには,

$$A(x), \quad A(x, y)$$

のように表す。このとき, A には x, y 以外の自由変項が現れていてもよく, ま
た必ずしも A 中に x, y が自由変項として現れているともかぎらない。この表記
法のもとで

$$A(a), \quad A(x, a)$$

はそれぞれ, A 中の自由変項 x の現れをすべて定項 a で置き換えた結果, およ
び A 中の自由変項 y の現れをすべて a で置き換えた結果を表す。

以上の「閉じた論理式」および「代入」の概念が, モデルと付値の定義に必
要である。準備が整ったので, モデルの定義に移ろう。

定義3（古典述語論理のモデル）　次の条件を満たす $I = \langle D, v \rangle$ を**古典述語論理
のモデル**と呼ぶ。

- D：空でない集合（**個体領域** individual domain と呼ぶ）
- v：個体定項と述語に対して次のような割り当てを行う関数
    - 定項 c に対しては, $v(c) \in D$
    - n 項述語 P に対しては, $v(P) \subseteq D^n$

注意 D は定項（個体名）に割り当てられる個体の集合である。v は個体名に対して個体を，n 項述語に対しては D 上の n 項関係を割り当てる（直積 $D^n = \{\langle d_1, \cdots, d_n \rangle : d_1, \cdots, d_n \in D\}$ の部分集合を n 項関係と呼ぶ。本書末尾の「集合論の記法」を参照）。

定義 4（複合式の付値）　古典述語論理の任意のモデル $I = \langle D, v \rangle$ における v は，次のような手順で，任意の閉じた論理式に真理値 $(1, 0)$ を割り当てる関数へと拡張される。

- D の各要素 d に対して定項 d を言語に加えて，各 d について，$v(d) = d$ と定める
- 閉じた論理式の真理条件は次のように再帰的に定める

$$v(Pa_1 \cdots a_n) = 1 \Longleftrightarrow \langle v(a_1), \cdots, v(a_n) \rangle \in v(P)$$
$$v(A \land B) = 1 \Longleftrightarrow v(A) = 1 \text{かつ} v(B) = 1$$
$$v(A \lor B) = 1 \Longleftrightarrow v(A) = 1 \text{または} v(B) = 1$$
$$v(A \to B) = 1 \Longleftrightarrow v(A) = 0 \text{または} v(B) = 1$$
$$v(\neg A) = 1 \Longleftrightarrow v(A) = 0$$
$$v(\forall x A(x)) = 1 \Longleftrightarrow \text{すべての } d \in D \text{ について，} v(A(d)) = 1$$
$$v(\exists x A(x)) = 1 \Longleftrightarrow \text{ある } d \in D \text{ について，} v(A(d)) = 1$$

注意 D の各要素 d に対する定項 d というのは，量化子の付値の定義をかんたんにするための便宜的な道具立てである。注意すべきは，D の要素 d は何らかのモノであり，それに対する定項は言語的な存在者なので，両者はじつは異なるカテゴリーのものだということである（私という人間と「オオニシ」という名前のちがいである）。それゆえ，ほんとうは異なる記号で表記すべきなのだが，煩雑さを避けるためあえて混同をおかして，同じ記号にしている。

例2　次のようなモデル $I = \langle D, v \rangle$ を考える。

- $D = \{0, 1, 2, 3, \cdots\} =$ 自然数全体の集合
- $v(P) = \{0, 2, 4, 6, 8, \cdots\} =$ 偶数全体の集合
- $v(Q) = \{1, 3, 5, 7, 9, \cdots\} =$ 奇数全体の集合
- $v(R) = \{2, 3, 5, 7, 11, \cdots\} =$ 素数全体の集合
- $v(S) = \{\langle 0, 1 \rangle, \langle 0, 2 \rangle, \langle 0, 3 \rangle, \cdots, \langle 1, 2 \rangle, \langle 1, 3 \rangle, \cdots, \langle 2, 3 \rangle, \langle 2, 4 \rangle, \cdots\}$
  $= \{\langle n, m \rangle : n, m \in D$ かつ $n < m\}$

このとき，例えば $v(\forall x(Px \lor Qx)) = 1$ である。なぜなら，

- $0 \in v(P)$ より $v(P0) = 1$，よって $v(P0 \lor Q0) = 1$
- $1 \in v(Q)$ より $v(Q1) = 1$，よって $v(P1 \lor Q1) = 1$
- $2 \in v(P)$ より $v(P2) = 1$，よって $v(P2 \lor Q2) = 1$
  $\vdots$

と，すべての $Pn \lor Qn (n = 0, 1, 2, \cdots)$ が，v において真だからである。

問題2　上のモデル v のもとで次の論理式の真偽を判定しなさい。

(1)　　　　　　　　　　　$\exists x(Px \land Qx)$

(2)　　　　　　　　　　　$\forall x(Rx \to Qx)$

(3)　　　　　　　　　　　$\exists x S0x$

(4)　　　　　　　　　　　$\exists x(Px \land Sx2)$

(5)　　　　　　　　　　　$\forall x \exists y Sxy$

(6)　　　　　　　　　　　$\exists y \forall x Sxy$

(7)　　　　　　　　　　　$\forall x(Qx \to \exists y(Py \land Sxy))$

(8)　　　　　　　　　　　$\exists x(Px \land \forall y(Qy \to Sxy))$

すでに述べた2つの量化子の関係についても，改めて確認しておく。

事実1　述語論理の任意のモデル $I = \langle D, v \rangle$ について，次が成り立つ。

$$v(\neg \exists x A) = v(\forall x \neg A) \quad v(\neg \forall x A) = v(\exists x \neg A)$$

証明　定義に従えば次のような同値変形が可能である。

$$v(\neg \exists x A(x)) = 1 \Longleftrightarrow v(\exists x A(x)) = 0$$
$$\Longleftrightarrow v(A(d)) = 1 \text{ となるような } d \in D \text{ は存在しない}$$
$$\Longleftrightarrow \text{すべての } d \in D \text{ について } v(A(d)) = 0$$
$$\Longleftrightarrow \text{すべての } d \in D \text{ について，} v(\neg A(d)) = 1$$
$$\Longleftrightarrow v(\forall x \neg A(x)) = 1 \qquad \qquad \square$$

　個々の論理式の真理値が1,0として定義されれば，妥当性の概念は命題論理のときとまったく同じように定義できる。

定義5（妥当性）　$X \cup \{A\}$ を閉じた論理式の集合とする。あるモデル $I = \langle D, v \rangle$ が，

$$\text{すべての } B \in X \text{ について } v(B) = 1, \text{ かつ } v(A) = 0$$

を満たすとき，I を X から A への推論に対する**反例モデル**と呼ぶ。反例モデルが存在しないとき，すなわち任意のモデル $I = \langle D, v \rangle$ について，

$$\text{すべての } B \in X \text{ について } v(B) = 1 \text{ ならば，} v(A) = 1$$

が成り立つとき，X から A への推論は**妥当**であると言い，$X \models A$ と書く。推論が妥当でないとき（反例モデルが存在するとき）は，$X \nvDash A$ と書く。

　推論の妥当性の証明は，これまでと同様に，反例モデルが存在すると想定して，(1)そこから矛盾を導くか，(2)その想定を分析してモデルを実際に構成するか，という手順で行えばよい。

例 3 $$\forall xPx \lor \forall xQx \models \forall x(Px \lor Qx)$$

証明　反例モデルが存在すると仮定する。すなわち，

$$v(\forall xPx \lor \forall xQx) = 1 \text{ かつ } v(\forall x(Px \lor Qx)) = 0$$

となるモデル $I = \langle D, v \rangle$ が存在すると仮定する。後者より，ある $d \in D$ について，

$$v(Pd \lor Qd) = 0, \text{ したがって } v(Pd) = v(Qd) = 0$$

が成り立つ。$v(Pd) = 0$ より $v(\forall xPx) = 0$ であり，$v(Qd) = 0$ より $v(\forall xQx) = 0$ である。よって，$v(\forall xPx \lor \forall xQx) = 0$ である。これは前者の仮定と矛盾する。したがって，反例モデルは存在せず，問題の推論は妥当である。　　□

例 4 $$\forall x(Px \lor Qx) \not\models \forall xPx \lor \forall xQx$$

証明　反例モデル $I = \langle D, v \rangle$ は次のような方針で構成する。まず $v(\forall x(Px \lor Qx)) = 1$ となるためには，(1) D 中のすべての d は P か Q のどちらかであればよい。

他方，$v(\forall xPx \lor \forall xQx) = 0$，すなわち $v(\forall xPx) = 0$ かつ $v(\forall xQx) = 0$ となるには，(2) D 中に P ではない d と，Q ではない要素 d' があればよい。ただし(1)より，P でも Q でもない個体があってはいけない。

(1)，(2)にもとづき，モデル $I = \langle D, v \rangle$ を次のように定義する。

- $D = \{d_0, d_1\}$
- $v(P) = \{d_0\}, v(Q) = \{d_1\}$

これが反例モデルになっていることは容易に確認できる。図示するなら，

などとなる。　　□

問題 3　次の推論の妥当性をチェックし，妥当ならそれを証明し，妥当でないな
ら反例モデルを提示しなさい。反例モデルは上の例のような図で示してもよい。

(1) $\exists x Px \vee \exists x Qx \models \exists x (Px \vee Qx)$

(2) $\exists x (Px \vee Qx) \models \exists x Px \vee \exists x Qx$

(3) $\exists x Px \wedge \exists x Qx \models \exists x (Px \wedge Qx)$

(4) $\exists x (Px \wedge Qx) \models \exists x Px \wedge \exists x Qx$

(5) $\forall x (Px \rightarrow Qx) \models \forall x Px \rightarrow \forall x Qx$

(6) $\forall x \forall y Rxy \models \forall y \forall x Rxy$

(7) $\exists x \exists y Rxy \models \exists y \exists x Rxy$

(8) $\forall x Px \rightarrow \forall x Qx \models \forall x (Px \rightarrow Qx)$

(9) $\forall x (Px \rightarrow C) \models \exists x Px \rightarrow C$

ただし C は，x が自由変項として出現しない論理式とする。

Case Study｜ケーススタディ6

多重量化と論理主義

　論理学の長い歴史のなかで，多重量化を扱える論理学が19世紀まで登場しなかったのはなぜか。こうした問いに厳密な答えを与えることは難しいだろうが，「必要は発明の母」とは言えるかもしれない。

　19世紀の前半，数学の解析学において「**厳密化**」と呼ばれる革新が起こっていた。解析学とは関数の連続性や微分積分を扱う分野である。それまでは，それらの基本概念は幾何学的なイメージをベースに理解されていた。連続関数とはグラフが途切れない関数，微分はグラフの接線の傾きといった具合である。いまでもこうした説明はよく聞かれると思うが，有用なイメージではある。

　対して，解析学の厳密化とは，幾何学的なイメージを退けて，連続性や微分積分といった基本概念を，論理的に再定義するという運動であった。「論理的に」とは，論理演算子の組み合わせによってということであるが，とくにそこで大きな役割を果たしたのが多重量化であった。

　第1章のケーススタディでも言及した G. フレーゲは，当時のこのような数学界の雰囲気の真っ只中で研究を始め，1879年の『概念記法』において史上初めて，多重量化を体系だてて扱える論理体系を提示した。推測も交えて言うなら，彼が見ていた景色は次のようなものだと思われる。

　ひとつには，急速に発展する新しい数学の姿である。厳密化は，明確な定義によって研究のスタンダードを定めると同時に，より大胆で抽象的な理論展開を可能にした。幾何学的なイメージがもはや追いつかないような領域を，論理の力で切り開く数々の成果は，「これからの数学は論理によって作られる」という確信をフレーゲに抱かせたのではないか。

　と同時に，当時の論理の道具立ての貧弱さは，彼をやきもきさせていただろう。「すべての」と「存在する」が複雑に絡み合う定義や証明は，自然言語では扱いやすいものではなく，数学者にとってさえ，ときには重大な誤解を招く

ことがあった。フレーゲの新しい論理学は，多重量化を明晰に表現する手段を
提供することで，新しい数学の発展の阻害要因を取り除かんとするものであっ
た。彼は，例えば関数の連続性（関数 f は点 a で連続である）が，次のように表
現できることを自身の論理学の長所としてアピールしている。

$$\forall \varepsilon > 0 \exists \delta > 0 \forall x (|x-a| < \delta \rightarrow |f(x) - f(a)| < \varepsilon)$$

　すべての正の数 ε に対して，次のような正の数 δ が存在する。すなわち，す
　べての x について，$|x-a| < \delta$ ならば $|f(x) - f(a)| < \varepsilon$ を満たすような δ で
　ある。

（フレーゲ自身の形式言語は，この現代の表記法とはかなり見た目がちがうのだが，
量化子の順番によって，異なる多重量化の意味のちがいを表現するというアイディア
は，フレーゲから現代に引き継がれている。）

　つまり，現代的な新しい論理学は，解析学の厳密化という革新的な潮流と，
そのなかで数学者が直面していた多重量化の取り扱いの困難さという"必要"
があってはじめて生まれた，逆にそれまではそこまで差し迫った"必要"がな
かった，と言ってよいかもしれない。
　フレーゲはその後，数学のもっとも基本的な概念である数でさえも論理的に
再定義することができる，それゆえ（少なくとも実解析の範囲の）数学は結局，
論理学に包含されるのだという，**論理主義**のテーゼを掲げることになるが，こ
れも解析学の厳密化からの流れに自然に位置づけられるだろう。論理主義プロ
ジェクト自体は，第11章で言及するラッセルのパラドクスに直面して頓挫を
余儀なくされたが，現代の数学基礎論や数学の哲学，さらには分析哲学全体に
大きな影響を与えている。

Active Learning │ アクティブラーニング6

数が同じとは

————————

　キッチンの引き出しにあるナイフとフォークが"同じ数"だけあるとはどういうことか。当たり前だが，両方数えて，例えば同じ5本であれば同じ数である。しかしじつは，ここで「5」という数字を使う必要はない。たんにナイフとフォークをテーブルに並べて，一対一に対応づけられれば，それらが3本だろうと5本だろうと100本だろうと，具体的な数がわからなくとも，両者が同じ数だということはわかる。

　ここでの"一対一対応"は数学の用語として厳密に定義することができる。その定義を構成する以下の条件を論理式で書き表してみよう。また，図にも描いてみよう。

関数（写像）

————————

　一対一対応とは，まず，ナイフ（P とする）とフォーク（Q とする）を対応づける関数（写像）の一種である。一般に，P であるものの集合から Q であるものの集合への関数とは，次のような条件を満たす2項関係である（ここでは R とする）。

　P である x のそれぞれに対して，Rxy かつ Q を満たす y が，ちょうどひとつ存在する

　「ちょうどひとつ」については，前章のアクティブラーニングを参照のこと。

Q.1-2

逆も関数

　さらにこの R の逆関係が Q から P への関数にもなっていれば，R は一対一対応であると言われる。すなわち，

　Q である y それぞれに対して，Rxy かつ P を満たす x がちょうどひとつ存在する

　こちらの条件は，関数 R が全射かつ単射であるとも言い換えられる。

第7章

古典述語論理(3)
計算と表現

———

本章では，これまでに学んだ様相論理と古典述語論理を，計算と表現という観点から比較する。様相演算子□，◇は可能世界の上への量化によって定義されていた。これが意味するのは，量化を表現できる述語論理を用いれば，様相論理で表現できることはすべて表現できる，ということである。本章前半では，このことを示す**様相論理から述語論理への埋め込み**を定義する。

その埋め込みが示すように，表現力という点では，様相論理は述語論理にはかなわない。では様相論理に存在意義はないのかと言うと，そうともかぎらない。計算という観点からすると，様相論理のほうが有利である。すなわち，基本的に**様相論理は決定可能**であるのに対し，**述語論理は決定不可能**なのである。本章の後半では，これらの決定（不）可能性定理を紹介した上で，表現力と計算可能性のあいだの"トレードオフ"とも言える関係について論じる。

KEYWORDS #様相論理から述語論理への埋め込み #様相論理の決定可能性
#述語論理の決定不可能性

1│様相論理を翻訳する

・

1.1　様相論理式が表現するもの

　様相論理では，$\Box(p \lor q) \not\models \Box p \lor \Box q$ であった。反例モデルは例えば次のようなものが考えられる（これまでは可能世界は x, y, z, w で表してきたが，都合によりここでは a, b, c を使う）。

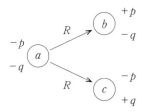

　このモデルにおいては，a において前提が真，結論が偽になる。すなわち，$v(a, \Box(p \lor q)) = 1$ かつ $v(a, \Box p \lor \Box q) = 0$ である。

　様相論理の論理式（正確に言うとある世界におけるそれらの真偽）の組み合わせから，私たちは，上の図に見られるような，可能世界とその上の付値からなる，ある一定の構造を思い浮かべることができる。たんに何かが必然である／ないとか可能である／ないというだけでなく，それを，このような"構造の表現"としても読めるのが，様相論理式の面白いところである。

　注意しておくと，様相論理式が表現する"構造"は必ずしもひとつに決まるわけではない。上の推論には次のような構造をした反例モデルも考えられる。

```
        R
       ↺
+p    (a)  ── R ──▶ (b)   -p
-q                        +q
```

　ただし，このモデルも先のモデルと同じある一定の条件を満たしている。言うまでもなく，ある世界 a において例の推論の前提が真，結論が偽になるということだが，その条件を明示的に書き出せば，

　　(1)　すべての可能世界 y について，aRy ならば $v(y, p) = 1$ または $v(y, q) = 1$
　　　　（すなわち $v(a, \Box(p \lor q)) = 1$）

  (2) ある可能世界 y について aRy かつ $v(y, p) = 0$，かつ，ある可能世界 z

    について aRz かつ $v(z, q) = 0$（すなわち $v(a, \Box p \lor \Box q) = 0$）

となる。つまり，正確に言うと，様相論理式が表現しているのは，その論理式
を真あるいは偽とするモデルの構造の条件である。

1.2　様相論理から述語論理への翻訳

 これまで何度か触れてきたように，様相論理式が表現するこうした条件の特
徴は，「すべての」と「存在する（ある）」という量化を駆使している点にある。
（古典）述語論理の量化子を使えば，いまやこうした条件は，軽微な調整をす
るだけで，論理式で表現することができる。例えば上の例における(1)，(2)は，

(1) $\forall y(Ray \to (Py \lor Qy))$

(2) $\exists y(Ray \land \neg Py) \land \exists z(Raz \land \neg Qz)$

となる。到達可能性関係 R は述語論理の2項述語 R として扱うが，述語論理
における述語は"前置記法"なので，例えば aRy は Ray と記す。また，$v(y, p) = 1$
は"y は P である"と読み替えて，Py とする。すなわち，様相論理の命題変
項を述語論理の1項述語へと翻訳する。

 一般的には次のように定義できる。

定義1 様相論理の言語から古典述語論理の言語への翻訳 t を次のように定義
する。まず，様相論理の各命題変項 $p, q, \cdots$ に対して，述語論理の1項述語 $P, Q,$
$\cdots$ を割り当てておく。また，個体変項 x をひとつ用意する。そのうえで，次の
ように t を帰納的に定義する。

    $t(p) = Px$

   $t(\neg A) = \neg t(A)$

  $t(A * B) = t(A) * t(B)$ （ $*$ は $\land, \lor, \to$ のいずれか）

   $t(\Box A) = \forall y(Rxy \to t(A)[y/x])$ （ y は $t(A)$ に現れない変項）

   $t(\Diamond A) = \exists y(Rxy \land t(A)[y/x])$ （ y は $t(A)$ に現れない変項）

ただし，$[y/x]$ は変項 x を y に置き換える代入操作を表す。

例2

$$t(\neg\Diamond p) = \neg t(\Diamond p)$$
$$= \neg\exists y(Rxy \wedge t(p)\,[y/x])$$
$$= \neg\exists y(Rxy \wedge Px\,[y/x])$$
$$= \neg\exists y(Rxy \wedge Py)$$
$$t(\Box\Box p) = \forall z(Rxz \to t(\Box p)\,[z/x])$$
$$= \forall z(Rxz \to \forall y(Rxy \to t(p)\,[y/x])\,[z/x])$$
$$= \forall z(Rxz \to \forall y(Rxy \to Px\,[y/x])\,[z/x])$$
$$= \forall z(Rxz \to \forall y(Rxy \to Py)\,[z/x])$$
$$= \forall z(Rxz \to \forall y(Rzy \to Py))$$

問題1　以下の論理式を t によって翻訳しなさい。

(1)　　　　　　　　　　　　　$\Box(p \wedge \neg\Diamond q)$

(2)　　　　　　　　　　　　　$\Diamond\Box\Diamond p$

・

1.3　モデルの読み替え

　例や問題から見てとれるように，翻訳結果はいずれも，様相論理式 A が可能世界 x で真となる条件を述語論理式で表したものになっている。とすると，A が真となる世界を含む様相論理のモデルは，翻訳結果 $t(A)$ を真とするモデルになっているはずである。ただし，$t(A)$ は述語論理式なので，ここでの「真とするモデル」とは述語論理のモデルでなければならない。じっさい，次のような（ある意味で自明な）仕方で，様相論理のモデルを述語論理のモデルへと読み替えることができる。

- 可能世界の集合 W を，述語論理のモデルの個体領域と見なす。すなわち，可能世界を，述語論理のモデルにおける個体と見なす。
- 各世界における命題変項 $p, q, \cdots$ への付値を，1項述語 $P, Q, \cdots$ への付値と見なす。すなわち，

$$v(a, p) = 1 \Longleftrightarrow v(Pa) = 1$$

と考える（左辺の v は様相論理のモデルにおける付値，右辺の v は述語論理のモデルにおける付値）。

- 到達可能性関係の成否を2項述語 R への付値と見なす。すなわち，

$$aRb \Longleftrightarrow v(Rab) = 1$$

とする（左辺は様相論理のモデルにおける到達可能性関係の成立，右辺は述語論理のモデルにおける付値）。

上の例での様相論理のモデルをこの仕方で読み替えると，

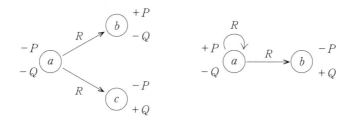

という図で表される述語論理のモデルになる（例えば，様相論理のモデルでは $v(b,p) = 1$ だったのが，述語論理のモデルでは $v(Pb) = 1$ となっていることを確認しよう）。最初に示した様相論理のモデルと構造としては変わらず，そして(1)および(2)はこれらのモデルにおいて真になる。つまり，様相論理式 A とその翻訳 $t(A)$ は"同じ構造"を表現するのである。

このことをまとめると次の命題になる。

命題1　A を様相論理の論理式，$M = \langle W, R, v \rangle$ を様相論理のモデルとし，$a \in W$ とする。また，上述の仕方で M を述語論理のモデルと読み替えたものを $I = \langle W, v^{\mathrm{I}} \rangle$ とする。このとき，次が成り立つ。

$$v(a, A) = 1 \Longleftrightarrow v^{\mathrm{I}}(t(A)[a/x]) = 1$$

この事実に基づくと，次が成り立つことは明らかだろう。

定理1　$X \cup \{A\}$ を様相論理の論理式の集合とする。$t(X)$ は，X に属する論理式すべてを t で翻訳した結果の論理式の集合とする。このとき，

$$X \vDash A \Longleftrightarrow t(X) \vDash t(A)$$

が成り立つ。これを指して，様相論理は（翻訳 t を介して）述語論理に埋め込めると言う。ただし，左辺の $\vDash$ は様相論理 K における妥当性，右辺の $\vDash$ は古典述語論理の妥当性を表している。

注意　$t(X)$ に属する各論理式および $t(A)$ は，いずれも自由変項 x を含んでおり，閉じた論理式ではない。この推論の妥当性は，代入を使って次のように定義する。すなわち，$Y \cup \{B\}$ を述語論理の論理式の集合とし，述語論理のモデル $I = \langle D, v \rangle$ および $d \in D$ で，

- すべての $C \in Y$ について，$v(C[d/x]) = 1$ かつ
- $v(B[d/x]) = 0$

となるものが存在するとき，$I = \langle D, v \rangle$ を Y から B への推論に対する反例モデルと呼ぶ。反例モデルが存在しなければ，元の推論は妥当である。

　上の定理は，様相論理の推論構造が，翻訳 t を介して，述語論理の内部でシミュレートできるということを意味している。その意味で，様相論理は述語論理に含まれる，述語論理の一断片（論理ないし言語をある一定の仕方で制限した部分を一般に「断片（fragment）」と呼ぶ）である。つまり，様相論理で表現できることはすべて，それを包含する述語論理において表現できる。

　もう一点，様相論理では，例えば $\Box\Box A \vDash \Box A$ が成り立つフレームでは到達可能性が推移性を満たし，またその逆も成り立つ，などという仕方で，フレームにおける推論の妥当性と到達可能性関係の性質とのあいだに，一連の対応関係が成り立つのだった。推論がある意味でフレームの構造を"表現"していると考えることのできる，興味深い現象ではあるが，述語論理を使えるいまとなっては，回りくどい表現のように見えるかもしれない。つまり，様相論理

の推論を使わなくとも，述語論理式を使って，端的にその性質を表現すればよいのである。例えば，推移性は，

$$\forall x \forall y \forall z ((Rxy \wedge Ryz) \rightarrow Rxz)$$

という論理式で表現できる。

問題2　到達可能性関係の性質として紹介した反射性・継続性・対称性・ユークリッド性を述語論理式で表現しなさい。

　ということで要するに，様相論理で表現できることはすべて述語論理で表現できる。しかも場合によっては，述語論理による表現のほうがよりストレートである。だとすれば，様相論理の存在意義はどこにあるのだろうか。様相論理など使わずに，述語論理だけを使えばよいのではないか。

　「表現」という観点からすると，これはそのとおりである。そもそも，述語論理を（数学記号と適宜組み合わせて）使えば，表現できない数学的概念はないと考えられている。述語論理の言語は言わば万能なのである。ただし，「計算」の観点から言えば，必ずしもそうではない。ここに，様相論理のひとつの存在意義がある。

2│決定不可能性

2.1　述語論理の決定不可能性

　推論の「計算」にかんして重要な概念が，決定可能性だった。おさらいしておこう。

> **定義2**（決定可能性）　ある論理 L における任意の推論の妥当性を判定するアルゴリズムが存在するとき，論理 L は決定可能であると言う。

　すでに見たように，分析的反証法などのアルゴリズムにより，古典命題論理は決定可能である。しかし，

> **定理2**　古典述語論理は決定不可能である。すなわち，古典述語論理の任意の
> 推論の妥当性を判定できるようなアルゴリズムは存在しない。

　この定理の証明を紹介する余裕はないが，これがどのような意味をもつかに
ついては，少し説明しておこう。

　すでに紹介したフレーゲの『概念記法』や，その後のラッセルとホワイト
ヘッドによる『プリンキピア・マテマティカ』(1910-1913) を経て，数学の概
念やそれを用いた証明は，いまで言う述語論理によって表現できることが明ら
かになった。数学というのは，公理（基本的な命題）からの推論によって，さ
まざまな定理を証明していく活動と見ることができるが，そのプロセスが，論
理式によって表現できるようになったのである。

　そのような状況を踏まえて，ドイツ・ゲッチンゲンの数学者 D. ヒルベルト
と W. アッカーマンが，述語論理の決定問題を提起した。述語論理は決定可能
か否か。もし，述語論理が決定可能だとしたら，数学史上の難問，未解決問題
も，それが公理から証明できる定理なのかどうかを機械的に判定できることに
なる。もはやそこには数学者のひらめきも苦悩も必要ないのである。これはか
なり大変なことである。

　幸か不幸か，事態はそちらの方向には転がらなかった。すでに述べたよう
に，結果的に述語論理は決定不可能なのである。ただし，これはこれで大変な
ことであった。

　何かが決定不可能，より広くは計算不可能であるとは，「すべてのアルゴリ
ズムが答えを出すのに失敗する」ということであるから，これを証明するに
は，「すべてのアルゴリズム」の範囲をあらかじめ明確に定義しておく必要が
ある（人間全体に当てはまる法則を立証するためには，そもそも「人間」の範囲を
決める必要があるのと同様である）。つまり，そもそもアルゴリズムとは何か，
そして計算とは何かという，"そもそも論"が必要になる。

　このような"そもそも論"の必要性がそもそも認識され，そして，いくつか
の素晴らしい発見を伴いつつ，「アルゴリズム」や「計算可能性」の明確な定
義が提示され，確立されたのが，この述語論理の決定不可能性（および関連す

る諸問題）の証明の文脈においてのことであった。

　これが“大変なこと”であるのは，そのようにして定義された「アルゴリズム」「計算可能性」の概念が，現代のコンピュータの理論的な基礎をなしているからである。つまり，述語論理の決定不可能性の証明は，現代の私たちの情報社会が生まれる画期をなす出来事だった，とも言えるのである。

・・

2.2　様相論理の決定可能性

　様相論理の話に戻ろう。述語論理の決定不可能性は，それがもたらした計算可能性の概念を含め，それ自体として興味深い現象である。だがやはり，それは述語論理の“欠点”であるとも言えるだろう。そして，述語論理と比較したときの様相論理の存在意義は，まさにこの点に見いだせる。

定理3（様相論理の決定可能性）　様相論理 K および，その $T, 4, D, B, 5$ による拡張は決定可能である。

　ここに挙げた K の拡張はほんの一部の例で，他の多くの様相論理もだいたいの場合，決定可能である。決定不可能な様相論理もあるにはあるが，代表的な論理はすべて決定可能というのが，様相論理の重要な特徴である。

　今回も詳しい証明は無理なので，古典命題論理および述語論理と比較しながら，おおまかに説明しよう。古典命題論理が明らかに決定可能なのは，真理値表を書いて，可能な付値をすべてシラミつぶしに調べれば答えが出るからである。推論に現れる命題変項が増えれば真理値表は大きくなり，計算は大変になるが，原理的には，有限パターンの付値を調べればいつかは答えが出る。分析的反証法などの他の方法は，その効率化バージョンと言える。

　モデルが複雑になる様相論理や述語論理の場合，そのような“シラミつぶし”は可能だろうか。述語論理では，見込みは絶望的である。例えば，2項関係 R が継続的，かつ推移的，かつ非反射的（Rxx を満たす x は存在しない）であることを表す論理式は，個体領域が無限のモデルでしか真にならない。それを真とするモデルがあるかどうかを，シラミつぶしに調べようとすると，個体領域の要素が1個，2個，3個…のモデルを調べていくことになるだろうが，そ

のようなやり方では，目指すモデルには絶対にたどりつけないのである。

　さらに言えば，さまざまな論理式に対する無限モデルのパターンはそれこそ無限にあり，"この論理式にはこのパターン"といった仕方でそれらすべてをカバーする（そしてそのパターンを調べていって答えを出す）ことはできない。いずれにせよ，どのような方法であれシラミつぶしはできない，というのが決定不可能性の意味にほかならない。

　対して様相論理の場合は，シラミつぶしが可能である。そのやり方にもいろいろあるが，一例を紹介しよう。ある論理式 A を真とする可能世界 w を含むようなモデルを構成したいとする。ここで例えば，A が $\Diamond B \wedge \Diamond C$ という形だとしよう。このとき，w から到達可能で，B と C をそれぞれ真にする可能世界が必要になる。モデルの構造は，

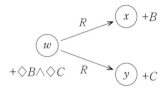

という枝分かれが生じる可能性があるが，枝分かれはたかだか 2 つで十分である。もし $\Diamond B_1 \wedge \cdots \wedge \Diamond B_n$ と数が増えれば，枝分かれの数も増える可能性があるが，それでもたかだか n までである。このようにして，論理式の形から，枝分かれの数の上限を見積もることができる。

　可能世界が増えるもうひとつのパターンは，$\Box\Box B$ のように様相演算子が重なっている場合である。$\Box\Box B$ が例えば偽になるのは，wRx かつ xRy なる x，y が存在して，B が y で偽になるときである。

$$w \xrightarrow{R} x \xrightarrow{R} y$$
$$-\Box\Box B \qquad -\Box B \qquad -B$$

　こうして世界は増えるが，R の系列が無限に伸びるわけではない。一般に，n 個の演算子の重なりには，$n+1$ 個の世界（出発点の世界から始まる n 本の矢印）の系列を考えれば十分である。論理式の形から，こんどは R の系列の長さの上限を見積もることができる。

　議論を省略して天下り式に言ってしまうと，ある論理式 A を真にするモデルの構成は，上の２パターンの有限の組み合わせによる。そして上で述べたように，いずれのパターンでも，それによって増える世界の数の上限は，論理式の形を見れば見積もることができる。とすれば，あとはそれらの上限の掛け合わせによって，A を真にするために必要な可能世界全体の数の上限を見積もることができる。それを n としよう。すると，もし A を真にするモデルがそもそも存在するなら，１個の可能世界からなるモデルからシラミつぶしに調べていけば，n 個以下のモデルのなかに必ずそれが見つかる。反対に，n 個まで調べて存在しなければ，そもそも A を真にするモデルは存在しないということがわかる。

　以上を次のようにまとめよう。

> **命題2**　K の拡張であるような代表的な様相論理は，**実効的有限モデル性**（effectivefinite model property）をもつ。

　ある論理の任意の論理式について，それを真とするモデルが存在するときには必ず有限のモデルが存在するとき，その論理は有限モデル性をもつという。上で述べたことから，述語論理は有限モデル性をもたないことがわかる。他方，様相論理は有限モデル性をもつが，いま見たようにそれに加えて，各論理式の有限モデルの個数の上限をも見積もることができる。これを実効的有限モデル性と言う。この性質を利用すれば，決定可能性はすぐに帰結する。

問題3　(1)２項関係 R が継続的，かつ推移的，かつ非反射的であることを表す論理式を書き，(2)それが真になるモデルを提示し，(3)それが，個体領域が無限のモデルでしか真にならないことを証明しなさい。

2.3　表現と計算 —— 述語論理の決定可能断片としての様相論理

　私たちの疑問は，様相論理の存在意義についてのものだった。様相論理は述語論理の断片であり，様相論理で表現可能なことはすべて，翻訳を介して，述語論理で表現できる。だとしたら，わざわざ様相論理を用いる意味はどこにあ

るのか。ここまでの決定可能性についての議論が，答えを示唆している。

　述語論理は，個体とその性質，関係からなる構造（モデル）を表現する。その表現力は，どのような数学的概念でも表現できるほど強力だが，残念ながら決定不可能である。対して，古典命題論理はとてもシンプルで明らかに決定可能だが，複数の世界や個体が関係で結びついている様子を表現することはできない。表現力と計算可能性のあいだには，あたかも一方を取れば他方は取れないという，ある種のトレードオフが成り立っているかのようである。そのなかで，可能世界からなるモデル構造を表現することができ，かつ，決定可能でもある様相論理は，両者の中間で，表現力と計算可能性のバランスを実現した論理と言えるだろう。

　述語論理はどのような構造でも表現できるが，いつでもそこまで強い表現力が必要とはかぎらない。例えば時間の構造を表現したいが，必要なのは時点とそのあいだの2項関係（前後関係）だけで，それ以外の構造は必要ない，ということもあるだろう。そのようなときには，不必要な部分を削減した述語論理の断片をうまく作って，表現力と決定可能性の両方を実現するという目標が立つ。様相論理（この場合は時制論理）を設計することは，このような述語論理の決定可能な断片を設計することにほかならない。

　もちろん，これ以外の仕方でも様相論理の存在意義を論じることはできるはずである。しかし，第1章のケーススタディで紹介した「表現」と「計算」というテーマの観点から言うならば，種々の様相論理とは述語論理の決定可能な断片のさまざまなバリエーションにほかならない。表現力と計算可能性のあいだの興味深いバランスを示す論理として，様相論理はやはり大きな意義をもっているのである。

Case Study │ ケーススタディ7

数学の機械化

　述語論理の決定不可能性により，すべての数学的命題について，それが公理のもとで成り立つかどうかを機械的に判定する万能アルゴリズムは存在しない。ただし，これは原理的な可能性についての話である。ここでは現実の数学の現場で進む"機械化"について考えよう。20世紀以降のコンピュータの発達に伴って，数学者が議論の正しさをチェックしながら証明を書くのを助けたり（**証明支援系**），あるいはコンピュータが自ら証明を生成したり（**自動証明器**）するプログラムが数多く開発されている。

　コンピュータを利用した証明の印象的な例は，1977年にアッペルとハーケンが発表した**四色問題**の証明だろう。「平面地図を，隣接する領域が異なる色になるように塗り分けるには4色あれば十分だ」という定理だが，その証明には，コンピュータによって膨大な数のケースをいわば力ずくでチェックしつくすという部分が含まれていた。

　この"証明"は，一部の数学者に拒否反応を引き起こした。証明というのは，証明された定理が••なぜ正しいのかについて，「なるほど！」という洞察をもたらすものであるべきだが，力ずくの機械的計算ではそのような洞察は得られないというわけである。

　では，証明を書くのはやはり人間の仕事なのかと言うと，それにも問題がないとは言えない。現代数学の高度化・専門化のために，重要な定理の証明はしばしば長大に，しかもごく一部の専門家にしか理解できないものになってしまう。近年の例では，2012年に望月新一がABC予想を解決するものとしてインターネット上に公開した一連の論文が挙げられる。長さにして合計600ページにも及ぶその論文を理解できる専門家は，世界でも数えるほどしかいないとされ，査読を通過するまでに7年以上もの時間を要した。理論の成否について学界内でのコンセンサスが得られるには，さらに時間がかかるだろう。

　とすれば，証明に誤りがないかを，人ではなくコンピュータにチェックさせ
ようというのは自然な発想だろう。数学者ヴォエヴォドスキーは，自分の論文
に出版後，間違いが見つかった（修正は可能だった）という体験から，証明の
機械化を強く推奨するようになった。彼は，"univalent foundations" と呼ば
れる，証明の機械化に適した理論的フレームワークを提唱するとともに，数学
の専門誌は近いうちにコンピュータによる検証が可能な論文しか受理しなくな
るだろうという予測を打ち出していた。

　ただし，ここでも "洞察" の問題は残るだろう。機械可読的に書かれた証明
は，それを読む人間に「なるほど！」と思わせることはできるだろうか。人は
証明に対して，機械的にチェックできるような厳密な論理的正しさと，事態の
本質を完全に把握したかのような心理的効果と，その両方を期待する。しか
し，この両方の理想を同時に実現するのは難しそうに見える。

　ひとつの方向性は，より "人間フレンドリー" な証明機械を設計するという
ものだろう。自然言語処理や信念形成にかんする認知科学・人工知能研究の分
野では，証明に伴う洞察のメカニズムを解明し，より "人間らしい" 証明を生
み出すプログラムを開発しようという研究が進められている。

　もうひとつ（何の証拠もないが）ありうるかもしれないのは，人間の側が変
わるということである。古代ギリシャで生まれて以来，数学的証明の姿は，理
論的内容はもちろん，（例えば紙と鉛筆のような）ハードウェアも含めた道具立
ての変化に伴って変遷してきた。機械的な証明が理想とされ，むしろそれでこ
そほんとうの洞察が得られると人間が感じるようになる日が来ることも，あり
えない話ではないかもしれないのである。

Active Learning | アクティブラーニング7

Q.1

古典命題論理の表現力*

様相論理や述語論理と比べると，古典命題論理は明らかに表現力が弱い。そのことを次の仕方で示そう。

ただひとつの可能世界（x とする）からなり，到達可能性については xRx を満たすフレームを単元フレームと呼ぶ。そして，単元フレームによって定義づけられる様相論理，すなわち任意の単元フレームにおいて妥当な推論の集合を C とする。このとき，C から古典命題論理への翻訳を定義して，古典命題論理が C と等価であることを示しなさい。

Q.2

述語論理の"決定可能性"を利用する*

述語論理全体は決定不可能だが，その1項述語断片，すなわち2項以上の述語を使わない論理式のみに制限した断片は決定可能である。この事実を利用して，様相論理 S5が決定可能であることを示そう。

まず，S5は，□と◇の条件を，到達可能性を用いず，

$$v(x, \Box A) = 1 \Longleftrightarrow すべての y について v(y, A) = 1$$
$$v(x, \Diamond A) = 1 \Longleftrightarrow ある y について v(y, A) = 1$$

により定義したときに得られる論理と同一である（S5は普遍的なフレームにより定義づけられる論理であったことを思い出そう）。

そこで，本章の翻訳 t を参考に，到達可能性なしの様相論理としての S5を，述語論理の1項述語断片に埋め込む翻訳を定義し，定理1と同様の命題を定式化しなさい（定式化できれば，証明はほぼ自明である）。そして，S5の決定可能性が，その命題と述語論理の1項述語断片の決定可能性からどのように導かれるかを説明しなさい。

正しい論理を求めて

第8章

厳密含意の論理
古典論理を批判する

────

　前章では，様相論理と述語論理という2つの論理を，表現と計算という観点から比較し，それぞれの強みと弱みを論じた。こうやって，さまざまな論理の"よしあし"をあれこれと評価するのも，論理学の楽しさのひとつである。

　そうした評価の視線は，その論理が定義する妥当性の規準そのものに向けられてもよいだろう。すなわち，数学的に定義された妥当性の規準が，私たちが現実に行う推論の正しさの規準として機能するのかどうか，「この推論はこの論理では妥当だとされるけれども，じっさいのところ，本当に"正しい"のだろうか」と疑ってみるということである。

　以下に続く章では，古典（命題）論理の"正しさ"に対して疑問を投げかけ，オルタナティブな妥当性の基準を提示するいくつかの非古典論理をいくつか紹介する（なお，以下では量化子を含まない命題論理のみを扱うので，古典命題論理はたんに古典論理と呼ぶ）。本章では，歴史上でも最初期の非古典論理である，C. I. ルイスの厳密含意の論理を取り上げ，より"よい"論理，より"正しい"論理を求めようとする非古典論理の議論がどのように進み，そしてどのような意義をもつのかを考える。

KEYWORDS　#非古典論理　#厳密含意　#実質含意

1｜非古典論理

　現在私たちが「古典論理」と呼んでいる論理が確立されたのは，1910年から13年にかけて出版されたラッセルとホワイトヘッドの『プリンキピア・マテマティカ』であると言えるだろう。それ以来，古典論理はほぼ唯一の標準的な論理としての地位を占めてきた。すなわち，古典論理こそが，私たちの推論が従うべき規準を定める"正しい"論理だと見なされてきたのである。

　一方で，古典論理とは異なる論理，すなわち非古典論理（non-classical logic）の歴史も，じつは古典論理のそれと同じくらい長い。ここで取り上げる C. I. ルイスは早くも1912年に，『プリンキピア』における含意の扱いに異議を唱え，独自の含意をもつ論理を提示している。以下では，その後生まれた非古典論理をいくつか紹介するが，その前に，少しだけ説明を加えておこう。

　非古典論理は，古典論理に対して何らかの不満や異議があるからこそ作られる。その不満は一般に2種類に分けられるだろう。ひとつには，古典論理の演算子では，表現したいことを表現できないという不満である。例えば，古典命題論理では，必然性や可能性，時間，義務，知識などが表現できない。そこで，これらを表す新しい演算子を加えた新しい論理が作られる。すでに学んだ様相論理にほかならない。つまり，第一の種類の非古典論理とは，古典論理の言語を増強することで作られる論理である（前章で見た，様相論理の述語論理への埋め込みを勘定に入れるなら，これは古典論理には表現力が足りないというより，計算可能性を含めてちょうどよい表現力をもつ語彙が足りない，という不満と解釈するとよいかもしれない）。

　もうひとつは，古典論理の表現力ではなく妥当性の規準についての異議，すなわち，古典論理では，妥当とされるべきではない推論が妥当とされている（あるいはその逆）という異議である。このような異議申し立てからは，基本的に古典論理と同じ演算子を使ってはいるが，妥当な推論の範囲が異なる論理が生まれる。これが第二の種類の非古典論理である。この種の論理は「逸脱論理（deviant logic）」とも呼ばれるが，本書ではたんに「非古典論理」と呼ぶ。以下で議論するのはいずれも，この第二の種類の非古典論理である。

2｜厳密含意の論理

　それでは，最初期の非古典論理である，C. I. ルイスの厳密含意の論理を紹介しよう。ルイスの問題意識と，その解決策としての厳密含意の定義は，いまの私たちにとってはすぐに理解できる。

　すでに見たように，古典論理の含意 $A{\to}B$ は $\neg A \vee B$ と論理的同値になる。このような含意を「実質含意」と呼ぶのだった。そして，実質含意にかんしては次の実質含意のパラドクスが成り立ってしまうということもすでに見た。

(1) $\qquad\qquad\qquad\qquad \neg A \vDash A{\to}B$

(2) $\qquad\qquad\qquad\qquad B \vDash A{\to}B$

　すなわち，(1)偽なる命題は任意の命題を含意する，(2)真なる命題は任意の命題から含意される。ルイスによる古典論理への異議申し立てはこの点に向けられる。彼は，実質含意のこのような性質は，「含意」という言葉の日常的な意味に反しているとして，実質含意とは異なる，**厳密含意**（strict implication）という含意をもつ論理を提案したのである。

2.1　必然的な実質含意としての厳密含意

　厳密含意を -3 という記号で表そう（読み方としては，$A{-}3B$ は「A ならば B」としか読みようがない）。厳密含意は，端的に言えば必然的な実質含意である。すでに学んだ様相論理の演算子を用いるならば，厳密含意は次のように定義できる（ここでは様相演算子で厳密含意を定義するが，歴史上の経緯としてはむしろ逆である。それについては後述する）。

> 厳密含意　$A{-}3B := \Box(A{\to}B)$

　そして，厳密含意の論理のモデルとしては，様相論理のモデルをそのまま使えばよく，厳密含意の付値の条件は次のように導くことができる。

$$v(w, A \rightarrow\!3 B) = 1$$
$$\Longleftrightarrow v(w, \Box(A \rightarrow B)) = 1$$
$$\Longleftrightarrow すべての x について，wRx ならば，v(x, A \rightarrow B) = 1$$
$$\Longleftrightarrow すべての x について，wRx ならば，v(x, A) = 0 または v(x, B) = 1$$

この定義のもとでは，実質含意のパラドクス（における → を→3に置き換えたもの）は妥当ではなくなる。

事実 1

$$\neg A \not\models A \rightarrow\!3 B$$
$$B \not\models A \rightarrow\!3 B$$

証明　$p \not\models q \rightarrow\!3 p \ [= \Box(q \rightarrow p)]$ を示す。次のようなモデルを考える。

このモデルでは，$v(y, q \rightarrow p) = 0$ である。よって，xRy より，$v(x, \Box(q \rightarrow p)) = 0$ である。$v(x, p) = 1$ と合わせると，このモデルが $p \models q \rightarrow\!3 p$ に対する反例モデルであることがわかる。$\neg A \not\models A \rightarrow\!3 B$ についても同様である。　　　□

問題 1　実質含意については妥当とされた以下の疑わしい推論も，厳密含意のもとでは非妥当になる。それぞれに対して反例モデルを提示しなさい。

(1)　　　　　　　　　　$(A \land B) \rightarrow\!3 C \not\models (A \rightarrow\!3 C) \lor (B \rightarrow\!3 C)$

(2)　　　　　　　　　$(A \rightarrow\!3 B) \land (C \rightarrow\!3 D) \not\models (A \rightarrow\!3 D) \lor (C \rightarrow\!3 B)$

(3)　　　　　　　　　　$\neg(A \rightarrow\!3 B) \not\models A$

注意　ここではもっともベーシックな様相論理 **K** で考えているが，ルイス自身の厳密含意の論理（いくつか種類がある）を正確に再現するには，もう少し条件が必要である。一般に，**K** の拡張となっている様相論理を正規様相論理と呼ぶが，ルイスの体系は基本的にはそうではない非正規様相論理である。ただ

し，本筋の議論にはこのちがいは影響しないので，引き続き，正規様相論理を
ベースに考える。非正規様相論理についてはケーススタディを参照のこと。

‥

2.2　なぜ厳密含意なのか

　こうして，必然的な実質含意としての厳密含意を用いると，古典論理の疑わ
しい推論が手際よく非妥当なものとして退けられることがわかった。ただ，こ
れは厳密含意の数学的な定義とその帰結を見ただけであり，その背後にある考
え方を知りたくなるところである。ルイスはなぜ，"正しい"含意は必然性を
含んでいるはずだと考えたのだろうか。あるいは，なぜ必然性を入れ込めば，
実質含意のパラドクスを回避することができると考えたのだろうか。彼の1912
年の論文「含意と論理代数」における議論を，大幅に再構成しつつ，紹介しよう。
　実質含意 $A{\to}B$ とは，選言 $\neg A \vee B$ と同値になる含意のことであった。含意
と選言のあいだのこのような関係それ自体に対しては，ルイスは反対しない。
本書でも第2章ですでに述べたように，選言「A または B」には「A でない・な・
・らば B」という仕方で含意の要素を読み込むことができるからである。ルイス
が論じるのは，含意と同値になる「$\neg A$ または B」の「または」は，古典論理
の $\vee$ と異なるものでなければならない，ということである。
　古典論理の選言は次の性質を満たす。すなわち，

(DI)
$$A \vDash A \vee B \qquad B \vDash A \vee B$$

　A が真ならば $A \vee B$ も真であり，B についても同様である。選言を結論に導
入する推論なので DI（Disjunction Introduction）としよう。一般に，**外延的選言**
（extensional disjunction）と呼ばれる選言はこの DI を満たす。古典論理の選言
も外延的選言である。
　さて，実質含意 $A{\to}B$ と $\neg A \vee B$ が同値であることを踏まえれば，実質含意
のパラドクスとは，この DI の一事例にほかならないことに気づくはずだ。す
なわち，

$$\neg A \vDash \neg A \vee B\,(\,{=}\,A{\to}B) \qquad B \vDash \neg A \vee B\,(\,{=}\,A{\to}B)$$

　つまり，ルイスの見立てによれば，DI こそが実質含意のパラドクスの元凶

である。だが，DI は選言にとって基本的な性質ではないか。いや，ちょっと落ち着いて考えてみればそうでもないことがわかってくる。

　例えば，突然スマホの電波が繋がらなくなり，私が慌てて，

（＊）　電話代払ってなくて止められたか，このスマホ壊れたかのどっちかだわ

と言ったとしよう。これに対して，冷静な人なら「そうとはかぎらないでしょう」と返すだろう。間違って機内モードにしているだけかもしれないし，携帯会社のシステム障害かもしれない。他の可能性もあるだろうというわけである。

　この仮想問答からは次のようなことが読みとれるだろう。まず，上の私の発話（＊）は，現実に何が原因なのかが判明する前に，他の可能性が指摘されることによって棄却されてしまっている。これはつまり，（＊）は「これら２つ以外に可能性はない」という，可能性についての主張として理解されているということである。そしてそれゆえに，（＊）は，たとえ選言肢のどちらかが現実に真であったとしても（例えば後で調べてみるとやっぱりスマホの故障だったとしても）真とは見なされない。

　この見立てが正しいとすれば，（＊）は，現実に A あるいは B が真であっても真にならないような「A または B」である。つまり，DI を満たさない選言の実例である。ルイスは，このように DI を満たさないような選言を**内包的選言**（intensional disjunction）と呼び，内包的選言を用いて含意を定義しようと提案する。内包的選言を●で表すとすれば，

$$A ならば B := \neg A ● B$$

である。この「ならば」こそ厳密含意–3である。内包的選言は DI を満たさないので，厳密含意にかんしてはパラドクスは生じない。

　いちおう確認しておくと，（＊）は「この２つ以外に可能性はない」，言い換えれば「この２つのどちらでもない（$\neg(A \lor B)$）ということはありえない」という不可能性の主張だった。そこで，様相演算子を用いるなら，内包的選言は

$$A ● B := \neg \Diamond \neg (A \lor B) = \Box (A \lor B)$$

と定義できるだろう。つまり，内包的選言は必然的な選言である。すると，内包的選言によって定義された厳密含意は，同値変形を通して，

$$A \dashv B = \neg A \bullet B = \Box(\neg A \vee B) = \Box(A \to B)$$

と，最初に提示した定義と一致する。

2.3　厳密含意のパラドクス

　このようにルイスは，日常的な「または」や「ならば」の使い方のなかには，不可能性ないし必然性という様相が含まれていると指摘し，それを捉えた選言や含意であればパラドクスは防げるのではないかと提案した。ただ，これは最終的な解決ではなかった。厳密含意に対しても，実質含意のパラドクスとよく似た形のパラドクスが生じるからである。

命題 1（厳密含意のパラドクス）

(1) $\qquad\qquad\qquad \neg\Diamond A \vDash A \dashv B$

(2) $\qquad\qquad\qquad \Box B \vDash A \dashv B$

証明　練習問題とする。　　　　　　　　　　　　　　　　　　　　□

　実質含意のバラドクスは，(1)偽なる命題は任意の命題を含意する，(2)真なる命題は任意の命題から含意される，ということだったが，上の推論は，厳密含意に関しては，実質含意のバラドクスの様相版が成り立ってしまうということを示している。すなわち，

　　(1)　必然的に偽な命題は任意の命題を含意する
　　(2)　必然的に真な命題は任意の命題から含意される

　例えば，数学の命題は正しいならば必然的に正しい（e.g. $\Box(2+2=4)$）し，間違いであれば必然的に偽（e.g. $\neg\Diamond(2+2=5)$）なので，上の推論を使えば，

$$（讃岐うどんは日本一だ）\dashv(2+2=4)$$
$$(2+2=5)\dashv（讃岐うどんは日本一だ）$$

などというよくわからない含意命題が導けることになる。実質含意に生じたパラドクスは，厳密含意にかんしてもじっさいには解消できていないのである。次の問題の妥当式は，問題をより鮮明に示してくれるだろう。

問題2 命題1を証明し，さらにそれを利用して次を示しなさい。

(1) $\qquad\qquad\qquad \vDash A \dashv3 (B \dashv3 B)$

(2) $\qquad\qquad\qquad \vDash (A \wedge \neg A) \dashv3 B$

(3) $\qquad\qquad\qquad \vDash A \dashv3 (B \vee \neg B)$

　これらのいずれにおいても，厳密含意の前件に現れる A（ないし $A \wedge \neg A$）と後件に現れる B（ないし $B\dashv3 B$, $B \vee \neg B$）とは，まったく内容上の関連性がない論理式でありうる。そのような含意命題は正しいと言えるだろうか。

‥
2.4　正しい論理とは

　ここで少し一歩引いた視点から，以上の議論を眺めてみよう。ここには，正しい論理を目指そうとする議論の典型例が示されているからである。

■妥当性にかんする直観　私たちは，どのような推論が妥当で，どのようなものが妥当でないかについて，ある程度の直観をもっている。その直観が，何が正しい論理であるかを判断するひとつの材料になる。例えば，実質含意のパラドクスや厳密含意のパラドクスは，直観に反する推論と言わざるをえないだろうし，そのぶん，古典論理や厳密含意の論理の正しさは減点されざるをえないだろう。

　ただし，直観は絶対的な判断基準ではない。まず，人によって直観は異なりうる。住んでいるところや文化，ジェンダーなどによっても変わるかもしれない。もしそうだとしたら，それはそれで興味深いことであるが，ともあれその食い違う直観をめぐって，お互いに議論をする必要が出てくるだろう。自分の，あるいは狭い範囲の人たちの直観だけで判断を下すことはできないのである。

　次に，おそらくより重要なことだが，論理的妥当性のもつ規範的な性格に注意すべきである。論理学に期待されるのは，私たちが日々漠然と正しいと思っ

ている考え方を，ちゃんと吟味，批判して糺すことであろう。つまり，論理学
の提示する妥当性の規準は，このように推論すべきだという規範を課す規準で
あり，私たちが現に行っている推論，正しいと思っている推論を記述するもの
では必ずしもないのである。つまり，たとえ私たちの全員が，ある推論を直観
的に正しいと考えたとしても，論理学の立場としてはそれを鵜呑みにすること
はできず，少なくともいったんは吟味にかける必要がある。

■直観を動機づける議論　直観を鵜呑みにすることなく，論理の正しさを議論
するにはどうすればよいか。その議論は，哲学的・概念的な議論と数学的な議
論の両輪で進むことになるだろう。前者は，ある推論が直観に合う合わないと
ただ主張するだけではなく，その直観がどこからきているのかを説明し，それ
を動機づける議論である。

　厳密含意にかんするルイスの議論は，たんに実質含意のパラドクス（の形式
をした推論）が間違っていると言いはるだけではなく，含意ないしそれを定義
する選言には，必然性という様相が含まれているという洞察を打ち出すことに
よって，問題の推論を却下する動機づけを与えているからこそ，ある程度の説
得力をもちえている。つまり，個々の推論形式ではなく，演算子の意味や真偽
の概念についてのより一般的な洞察をベースにすることで，たんなる直観のぶ
つけ合いではない，より生産的な議論が可能になる。

■数学で具現化する　それに加えて，論理学がおもしろいのは，私たちの直観
や洞察を数学的な道具立てで具現化できる，あるいはできないといけないとい
う点である。含意に必然性の要素が含まれていると言っても，その主張は，そ
れを表現する演算子やモデル構造を用意できてはじめて実質をもつ。

　もっと言えば，たとえ直観に反する推論を含む論理であっても，数学的に首
尾一貫した定式化が与えられれば，真剣な考慮に値すると見なされることもあ
る。2つの真理値だけで定義できるというある種の数学的"美しさ"をもつ古
典論理がまさにその一例である。また後で見るように，非古典論理のなかに
は，矛盾を許容するという"論理的タブー"を犯す論理さえ存在する。数学に
よる具現化なしには，そのような論理はまともなオプションとして取り扱われ

ることはなかったかもしれない。

　もちろん，数学もまた決定的な判断材料ではない。自分の直観をより一般的な洞察によって動機づけ，数学的に具現化し，その結果をまた自分の直観と照らし合わせて吟味する。このようなサイクルによって，正しい論理をめぐる探求は進んでいく。

■ゴールはどこにあるか　では，こうしたサイクルを繰り返していくと，いつか絶対的に正しい究極の論理にたどり着くのだろうか。こう書くと怒られるかもしれないが，真剣にそのようなゴールを設定している専門家は，ほとんどいないのではないかと思う。哲学でよくある"○○主義 vs △△論"の争いのように，一方からの批判に対しては，同じくらい説得的な再批判が返ってくる。そのような論争がすべて決着するとは思えない。ここでは徹底的な悪役である実質含意でさえ，それを擁護する人はいるのである。これまでしばしば"正しい"と引用符で留保を付けてきたのはこのためである（正しい論理は必ずしもひとつではなく複数あると主張する**論理的多元論者**（第12章ケーススタディを参照）もいるが，それにしても，正しい論理とそうでない論理に線引きをしようとする点では，現在の議論の文脈においては同じことである）。

　じつのところ，何が正しい論理かを決めるというのは重要なゴールではないのだろう。欲しいのは，正しい論理とは何かを考え，議論する過程で見いだされる，論理にかんする哲学的・数学的な洞察である。推論の正しさにかんする問いは，最終的な答えはないとしても，議論を触発するトリガーのようなものとして機能している。本書の以下の議論から，そのようにして生まれた洞察の豊かさを感じとってもらえればと思う。

・・

2.5　対象論理とメタ論理

　もうひとつ，おそらく多くの人が気になるのが，正しい論理をめぐる議論はどの論理に従って行われるのか，ということだろう。論理について考え，それを正当化したり批判したりする議論も，それ自体が議論であるかぎり，何らかの言語で表現され，何らかの論理に従う必要がある。その言語や論理はどのようなものであるべきか。論理の正しさについて考えることには，どこか自分の

足元を掘り返しているような感覚が伴う。

　整理のためにひとつ区別を立てておこう。ある X という論理ないし言語について考え，その正しさについて議論するとき，その X を，議論の対象になっているという意味で「**対象論理・言語**（object logic/language）」と呼ぶ。一方，X についての議論は，何らかの論理 Y に従う何らかの言語によって行われるわけだが，その論理 Y を「**メタ論理・言語**（meta logic/language）」と呼ぶ（「メタ」はここでは「より高次の」くらいの意味）。

　現代の論理学では，対象論理としてさまざまな論理を扱うが，メタ論理は基本的に古典論理である。これは，古典論理が，論理学のみならず数学全体にとってのデファクトスタンダード論理であることによるのだろう（本書もその慣行に従っている）。少し意地悪な言い方をするなら，自分の足場は古典論理で固定したうえで，さまざまな非古典論理を"客観的"な数学的対象として研究するという姿勢である。メタ論理に非古典論理を採用する興味深い試みもいくつかあるものの，それらもどちらかと言えば，その非古典的なメタ論理でどれだけの研究が展開できるかについての"メタメタ"的な関心のように見受けられる（あくまで印象論だが）。

　このような"客観的"な，コミットを避けるアプローチに対する批判はもちろんありうるだろうが，これから順々に見ていくように，そのアプローチの範囲でも明らかになることはたくさんある。"論理について論理的に議論する"ことの居心地の悪さを感じながら，本書の以下の議論を眺めていただければと思う。

3 | 厳密含意の来し方行く末

　本筋に戻ろう。厳密含意のパラドクスが示したのは，様相は含意のパラドクスに対する特効薬ではないということである。他方で，ルイスの議論が示しているように，含意や選言の日常的な使い方のなかに，様相の概念が含まれていること自体は否定しようがないと思われる。つまり，論理的な推論の妥当性の概念を捉えるためには，古典論理の演算子だけでは不十分で，そこには含まれていない必然性や可能性の概念もまた必要だ（それで十分ではないにせよ）とい

うことである。以下では，歴史的な経緯を整理した上で，その後の研究の発展について説明しよう。

　まず少し後戻りをすると，本書では，厳密含意を必然性と実質含意を使って定義したが，歴史上の経緯としては順序が逆である。ルイスが当初提示したのは，厳密含意を原始記号（他の記号によって定義されるのではない記号）として含む論理である。そして，厳密含意は必然的な含意であると説明されてはいたが，その必然性を単独で表す記号が他にあるわけではなかった。

　しかしその後，ルイスは自身で様相概念の重要性に気づき，それを厳密含意から分離させ，単独で様相を表す演算子を含む論理を構築する。いまに続く，様相論理の原型にほかならない。私たちはその様相論理を学び，それを使って，その源流である厳密含意を再構築したというわけである。

　では，パラドクスについてはどうなったか。ひとつの大きな，そしてルイスからの流れを明確に引き継いだ伝統として，**関連性論理**が挙げられる。これまでの例を見てもらえるとわかると思うが，実質含意のパラドクスが直観に反するのは，それによって，前件と後件のあいだに何ら内容上の関連性がないような含意命題が真になってしまうという点である。そしてそれは，厳密含意のパラドクスが示すように，含意に必然性の意味を含ませても根本的には解決されなかった。

　関連性論理はまさにこの問題を解決しようとする論理である。すなわち，前件と後件のあいだに関連性がないような含意命題は真にならず，また同様に，前提と結論のあいだに関連性がないような推論は妥当にならない，そのような論理を作ろうというプロジェクトである。

　すぐに2つ疑問が思い浮かぶだろう。「関連性」とは何を意味するのか。そしてそれが明確になったとしても，その関連性を保証するためにはどうすればよいか。これらについては第12，13章で詳しく見ることになる。

Case Study │ ケーススタディ8

非正規様相論理

　本文でも触れたように，ルイスはさまざまな様相論理を提示していて，その
うちのいくつか，とくに彼が"正しい"と認めた論理（S2と呼ばれる）は，現
代では**非正規様相論理**（non normal model logic）に分類される。ここでは（ル
イスのではなく）現代的な視点から，非正規様相論理を紹介しよう。

　正規様相論理とは一般に K の拡張となっている様相論理のことだが，とく
に次を満たす論理として特徴づけられる。

（□□）　　　　　　　　　$A \vDash B$ ならば $\Box A \vDash \Box B$

　だが□の解釈によっては（□□）は望ましい性質とは言えない場合もある。

　例えば□を知識演算子（…であることを知っている）と解釈しよう。このとき
（□□）によれば，誰かが A であることを知っている（$\Box A$）なら，その人は，
A からの任意の論理的帰結（$A \vDash B$）を知っている（$\Box B$）ことになる。しかし，
ある命題から何が帰結するかというのは，推論をじっさいに積み重ねないとわ
からないこともある。そのような帰結を「知っている」と言ってもいいだろう
か。これは一般に「論理的全知の問題」と呼ばれており，知識論理の場合には
まさに（□□）がこの問題を引き起こしている。

　（□□）を満たさない様相論理，すなわち非正規様相論理は次のように定義
される。$\langle W, R, v \rangle$ を正規様相論理 K のモデルとしたとき，これに $N \subseteq W$（**正
規世界**の集合）を構成要素として加える（$W\text{-}N$ に属する世界は非正規世界である）。
$\langle W, N, R, v \rangle$ を非正規様相論理 NN のモデルと言う。

　複合式の付値は正規様相論理と次の一点を除いて同じである。すなわち，非
正規世界 $w \in W\text{-}N$ においては，任意の A について，

$$v(w, \Box A) = 0, \quad v(w, \Diamond A) = 1$$

とする。非正規世界は何ごとも必然的でなく，そして何ごとも可能になる世界である。推論の妥当性は，正規世界において反例がなければ妥当，と定める。この定義のもとでは，（□□）は必ずしも成り立たない。

　Kのモデルは，NNのモデルの特殊例（$W=N$であり非正規世界が存在しない）なので，KはNNの拡張である。すなわち，NNで妥当な推論はすべてKで妥当である。双方のモデルに反射性や推移性などの到達可能性関係の性質を付け加えても，対応する論理間の拡張関係は変わらない。

　そして，これらの拡張関係は真の拡張関係でもある。すなわち，正規様相論理で妥当だが，対応する非正規様相論理では妥当とならない推論ないし論理式が存在する。その一例が□$(A→□(B→B))$である。すぐにチェックできると思うが，□$(B→B)$が非正規世界では偽になるのがポイントである。

　これは，厳密含意のパラドクスの帰結として挙げたA-з$(B$-з$B)$にほかならないことに注意しよう。非正規様相論理では，厳密含意のパラドクスを一部回避できるのである。残る$(A∧¬A)$-зB，A-з$(B∨¬B)$は依然として妥当なのだが，それでもここにひとつの方向性を見てとることができる。すなわち，厳密含意のパラドクスおよびそこに含まれる関連性の問題の解決には，ある種の非正規世界の導入がカギとなるということである。

　ふつうは必然とされることでも必然ではないような世界，ふつうは不可能とされることでも可能になるような世界。自己矛盾した考え方のように聞こえるかもしれないが，非古典論理は，不可能なことを思考するかのような領域へ蛮勇をふるって突き進む，という性格をもつ分野なのである。

Active Learning | アクティブラーニング 8

演算子に含まれる様相

———

ルイスの議論は，選言「または／…か…のどちらか」や含意「ならば」といった演算子の日常的な使い方のなかには，様相を読み込まないと説明できないものがある，という趣旨だった。それでは，連言「かつ」や否定「でない」についてはどうか。様相を読み込まないと説明できない使い方はあるだろうか。

厳密含意にかんするモドゥス・ポネンス（前件肯定）

$$A,\ A\mathbin{-\!3}B \models B$$

が，第4章で定義した意味で，反射性 xRx と対応すること，すなわち，(1)反射性 xRx を満たす任意のフレームで妥当であること，および(2)反射性を満たさない任意のフレームで妥当ではないこと，を示しなさい。モドゥス・ポネンスは含意にとっては成り立ってほしい性質なので，この事実は，厳密含意を扱う場合にはフレームに反射性を仮定するのが自然だということを示している。

非正規様相論理

———

第4章で見た到達可能性関係の性質（反射性・推移性・継続性・対称性・ユークリッド性）を思い出そう。非正規様相論理 NN のフレームがこれらを満たすとき，そのフレームにおいて，それぞれの性質に対応する推論（$T, 4, D, B, 5$）が妥当になるかどうかをチェックしよう。

第9章

直観主義論理(1)
数学的構成

直観主義論理は，もっともよく研究されている非古典論理と言えるだろう。論理自体の数学的性質の観点からも，それを動機づける哲学的興味の点でも，またコンピュータ科学との関係から言っても，古典論理をしのぐほど豊かな内容をもつ論理である。本書のスペースとアプローチの許す範囲内で，その面白さを伝えられればと思う。

本章ではまず，直観主義論理の背景にある哲学的動機を，**数学的構成**という観点から説明し，それが，どのようにして古典論理に対する異議申し立てにつながるかを論じる。その後は，直観主義論理のフレーム・モデルを導入する。これも興味深いことに，直観主義論理は様相論理とは見かけ上かなり異なるモチベーションから生まれてきた論理であるにもかかわらず，可能世界意味論を使ってモデル論を展開することができる。このことがもたらす帰結については，次章で詳しく見ることになる。

KEYWORDS #数学的構成 #非構成的証明

1 ｜数学的構成と論理のトリック

　これまで何度か触れたように，論理学の興味関心の大きな部分は，数学的証明における推論に向けられていた。直観主義論理もまた，証明についての深い関心から生まれた。なぜ私たちは証明をするのか。それは，読んだ人にその命題の正しさを納得してもらうため，あるいは自分自身でその正しさを確信するためである。では，証明のもつそのような説得力，証明の認識論的な効力はどのようにして生じてくるのだろうか。

　直観主義論理は，証明のもつ認識論的な効力を，**（数学的）構成**という概念でもって理解しようとする論理である。そしてその理解に従えば，古典論理のいくつかの推論は説得力をもたない，いわば論理のトリックであるとして，古典論理に対する批判を展開する。すなわち，古典論理で妥当とされている推論のなかには，じつは，構成という証明の本分をおろそかにするものが含まれている，というのである。

　構成（construction）とは，何かを具体的に組み立てることである。数学の文脈では，幾何学におけるコンパスと定規を用いた作図が構成の典型例である（英語では「作図」も"construction"である）。これこれこういう図形が存在するという定理を証明しようとするとき，そのもっとも直接的な方法は，そのような図形を具体的に作図してしまうことである。ある命題を証明するとは，その命題の正しさを示す証拠を構成することである。そのような証拠を具体的に，目の前で組み立てるからこそ，証明は説得力をもつ。

　作図は構成の典型例ではあるが，数学の証明における構成は多くの場合，その構成物を（作図するのではなく）言葉によって定義したり，その構成方法を記述したりすることによって行われる。例えば私たちはこれまで，推論の非妥当性を証明するための反例モデルを，まさに構成してきたわけだが，それは別に定規やコンパスで描くわけでも，積み木を組み上げるわけでもなく，集合論の用語を使って，言葉によってモデルを定義するという仕方によって，だった（図も使ったが）。このような言語的な構成も構成の一種である。

　もうひとつ例を挙げよう。「どんな自然数にもそれより大きな数が存在する」

という命題を証明しようとするなら，例えば「任意の自然数nに対して，$n+1$をそれよりも大きな数として与えることができる」と論じることになるだろう。これは，任意の自然数に対してそれよりも大きな数を構成する一般的な方法を提示するという仕方での証明である（でなければ，すべての自然数についての命題の証明にならない）。

　この“証明＝構成”という見方のもとでは，論理演算子や量化子を用いた論理的な推論は，いくつかの証明を組み合わせて新しい証明を構成するという，いわばひとつ上のレベルの構成原理と見なされる。例えば，$A{\to}B$とAという2つの命題がそれぞれ証明されているとしよう。このとき，$A{\to}B$の証明の後にAの証明を並べ，そして「それゆえBである」と書けば，それでBの証明ができあがる。これは，$A{\to}B,\ A\models B$という妥当な推論を使って，$A{\to}B$の証明とAの証明からBの証明を構成したのだ，と見なすことができる。

　さて，直観主義論理が疑念の声を上げるのはここである。確かに，論理的な推論は証明を構成する手段としてなくてはならないものである。しかし，そのような推論のなかには，“裏ルート”とでも言えそうな証明方法を可能にするものが含まれている。例で説明しよう。次のような定理がある。

定理　a^bが有理数になるような無理数a, bが存在する。

　有理数とは，何らかの整数$m, n(m\neq0)$によって分数$\dfrac{n}{m}$の形で表すことのできる数であり，無理数とはそのように表すことのできない数のことである。
　ここまでの構成についての考え方に従えば，この定理を証明するには，a^bが有理数になるような無理数a, bを具体的に提示すればよい。だが，論理的な推論を用いれば次のような証明も可能である。

証明　a^bが有理数になるような無理数a, bが存在しないと仮定する。すなわち，どのような無理数a, bについても，a^bは有理数ではなく，したがって無理数であるとする。
　ここで，無理数の一例として$a=b=\sqrt{2}$をとろう。仮定により，$a^b=\sqrt{2}^{\sqrt{2}}$は

無理数である。そこで次に，$a = \sqrt{2}^{\sqrt{2}}$，$b = \sqrt{2}$ とすると，同じく仮定により，$a^b = (\sqrt{2}^{\sqrt{2}})^{\sqrt{2}}$ は無理数でなければならない。しかし，

$$(\sqrt{2}^{\sqrt{2}})^{\sqrt{2}} = \sqrt{2}^{\sqrt{2} \times \sqrt{2}} = \sqrt{2}^2 = 2$$

であり，2は有理数である。つまり，$(\sqrt{2}^{\sqrt{2}})^{\sqrt{2}}$ は無理数であり，かつ有理数であることになる。これは矛盾である。よって，a^b が有理数になるような無理数 a, b が存在しないという仮定が間違いだった。したがって，a^b が有理数になるような無理数 a, b が存在する。　　　　□

　まず注目してほしいのは，この証明のなかでは，「a^b が有理数になるような無理数 a, b」はけっきょく具体的に提示されてはいない，ということである。$a = (\sqrt{2}^{\sqrt{2}})$，$b = \sqrt{2}$ がそれらしきもののように見えるが，この a が無理数であるというのは証明の仮定のもとでの話であり，そうであることが証明されているわけではない。

　ではなぜ，証拠となる a, b が構成されていないのに，証明ができたのか。ここに論理のトリックがある。証明は，

- a^b が有理数になるような無理数 a, b が存在しないと仮定する
- その仮定から矛盾が導かれる。よって，仮定が誤り
- したがって，a^b が有理数になるような無理数 a, b が存在する

という流れで進む。A でない（$\neg A$）と仮定すると矛盾が導かれる，それゆえ，A でないわけではない（$\neg\neg A$）のだから A だ，という議論である。このような議論の仕方を背理法，帰謬法（reductio ad absurdum）などと呼ぶが，ここでは間接証明と呼びたい。証拠を構成するという直接的な仕方で証明するのではなく，それとは別のいわば"裏ルート"を使った，間接的な証明だからである。命題論理の推論で言えば，二重否定除去則 $\neg\neg A \vDash A$ を使った証明とも言える。古典論理ではもちろん妥当な推論である。

　ここが，古典論理に対する直観主義論理からの批判のポイントである。古典論理の推論を使うと，本来必要なはずの構成が提示されない，非構成的な証明が可能になる。証明の説得力は構成に宿るとする立場からすると，そのような

"証明"は証明とは認められない。それゆえ，そのような"証明"を可能にしてしまう古典論理の推論，とくに間接証明を可能にする推論は，証明の構成法としての論理的推論から除外する必要がある。直観主義論理は，このような方針のもと定式化された論理である。

　以上に述べた直観主義論理の考え方，とくに直接的な証明と間接（非構成的）証明の区別などを理解するには，証明論による定式化のほうが都合がよい（証明論なんだから当然とも言える）。本書ではモデル論のみで話を進めるので，その考え方がどのように論理に反映されているのか，少し見えにくいかもしれない。一方で，これまでの主に様相論理にかんする知識をベースにすれば，直観主義論理のモデル論は比較的スムーズに理解できるだろうから，そのあたりの意外なつながりを楽しんでもらえればと思う。

2│直観主義論理のモデル

　以下では，直観主義論理の言語とモデルを定義する。基本的には様相論理の可能世界意味論の延長で理解できるが，ひとつひとつの道具立てが独特の意味をもっている。また，テクニカルな面でも"いじりがい"のあるモデルである。

2.1　フレームとモデル

定義 1　直観主義論理の言語は次の語彙からなる。

- 命題変項：$p, q, r, \cdots$
- 演算子：$\wedge$，$\vee$，$\rightarrow$，$\neg$
- 補助記号（カッコ）：$(,)$

論理式の概念もこれまでと同様に定義される。

　見てわかるように言語は古典論理と同じである。ちがいはモデルにある。その定義の前に，ひとつ用語を導入する。

定義2（前順序）　ある集合 W 上の2項関係 R が反射性および推移性を満たすとき，R を**前順序**（preorder）と呼ぶ。以降では，前順序は R などの文字ではなく，$\leq$ で表す。

定義3（フレーム）　空でない集合 W とその上の前順序 $\leq$ からなる順序対 $\langle W, \leq \rangle$ を**直観主義論理のフレーム**と呼ぶ。

　前順序とは反射的かつ推移的な2項関係であるから，直観主義論理のフレームは様相論理の S4 フレームとまったく同じ構造である。もちろん，使われる演算子とそれに対する付値の仕方が異なるので両者は異なる論理なのだが，この共通点を通して，両者のあいだには翻訳関係が成り立つ。これについては次章で見る。

定義4（モデル）　直観主義論理のフレーム $\langle W, \leq \rangle$ が与えられたとき，W の各要素と各命題変項の対に対して1あるいは0を割り当てる関数 v が，

$$\textbf{遺伝性}: v(x, p) = 1 \text{ かつ } x \leq y \text{ ならば, } v(y, p) = 1$$

を満たすとき，v をフレーム $\langle W, \leq \rangle$ 上の**付値**と呼ぶ。フレーム $\langle W, \leq \rangle$ と付値 v の対 $\langle W, \leq, v \rangle$ を**直観主義論理のモデル**と呼ぶ。

　これらの道具立てが何を意味するか説明しておこう。直観的には，フレームの要素 $x \in W$ は，ある理想的な数学者のある時点での認識状態を表す。つまり，その数学者がその時点で何を証明しおわっていて，何がまだ証明できていないかを表す。そして前順序 $\leq$ は時間的な前後関係と考える。$v(x, p) = 1$ は x 時点で p が証明されていること，$v(x, p) = 0$ は証明がまだなされていないことを表す（これは p でないことが証明されているのとは異なることに注意）。

　これまでの様相論理のモデルにはなかった遺伝性という条件は，数学的証明ないし証明された定理のひとつの特徴を表している。すなわち，定理はいった

ん証明されてしまえば，その後，（理想的には）それが覆されることはないということである。もちろん現実には，証明に間違いが見つかったり，忘れ去られてしまったりということもあるだろうが，ここでは理想的な数学者を想定している。それゆえ，いったんpが証明されれば，その後の時点でもpの証明は保存される（後の時点に遺伝する）のである。

定義5（複合式の付値）　フレーム$\langle W, \leq \rangle$上の付値vは，次のように帰納的に，Wの各要素と各論理式の対に1あるいは0を割り当てる関数へと拡張される（拡張された関数も同じくvと表す）。すなわち，任意の$x \in W$と任意の論理式A，Bについて，

$$v(x, A \wedge B) = 1 \Longleftrightarrow v(x, A) = 1 \text{ かつ } v(x, B) = 1$$
$$v(x, A \vee B) = 1 \Longleftrightarrow v(x, A) = 1 \text{ または } v(x, B) = 1$$
$$v(x, A \to B) = 1 \Longleftrightarrow x \leq y \text{ なるすべての } y \text{ について,}$$
$$v(y, A) = 0 \text{ または } v(y, B) = 1$$
$$v(x, \neg A) = 1 \Longleftrightarrow x \leq y \text{ なるすべての } y \text{ について } v(y, A) = 0$$

連言と選言の条件については特筆すべきものはない。含意の条件は，$\leq$を様相論理の到達可能性関係Rで読めば，厳密含意⥽のそれと同じである。つまり，直観主義論理の含意は"付値が遺伝的な$S4$モデル上で定義される厳密含意"である。

証明の観点からの解釈に従えば，$v(x, A \to B) = 1$であるということは，件の理想的な数学者はそのxにおいて，これより先，Aが証明されたときにはつねにBもまた証明できる，という位置にいるということである。これは，Aの証明が与えられたら，それがどのようなものであろうと（ある命題に対する証明はひとつとはかぎらず，さまざまな仕方での"別解"が可能である）それに基づいてBの証明を構成する一般的な方法をもっていること，と解釈することができる（この解釈は，直観主義論理に対する非形式的な解釈として標準とされる**BHK解釈**のそれである）。

否定$\neg A$は"到達可能なすべての世界で偽"，つまりAが不可能ということ

を表す。先ほどの含意と類比的に解釈するなら，$v(x, \neg A) = 1$ ということは，理想の数学者はこれから先，どの時点でも A は証明されることはない，という位置にいるということである。これは，A が証明不可能だという証明をもっていることと解釈する。

　直観主義論理においては，これまで否定にかんして成り立ってきた次の同値性

$$v(x, \neg A) = 1 \Longleftrightarrow v(x, A) = 0$$

が成り立た̇な̇い̇ことに注意しよう。例えば，次のモデル（反射性を示す矢印は省略する）

においては，$v(x, p) = 0$ だが，$v(x, \neg p) = 0$ でもある。繰り返しになるが，$v(x, A) = 0$ は，x において A がま̇だ̇証明されていないことを意味するだけである。その後，A がどこかの時点で証明されるかもしれないという可能性が残されているなら，x において A の否定が成り立つ（$v(x, \neg A) = 1$）と̇は̇言̇え̇な̇い̇。A の否定が成り立つのは，これから先も A が証明されないとき，すなわち A が証明不可能なときだけである。

問題1　次のような直観主義論理のフレームを考える。

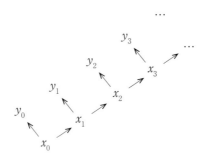

　図中の矢印は $\leq$ を表す。ただし，反射性および推移性により導かれる関係は煩雑になるため省略している。ここで $v(x_i, p) = 0 (i = 0, 1, 2, 3, \cdots)$ としたと

き，$v(x_0, \neg p) = 1$ とするには y_i における p の付値はどのようにすべきか。同様に，$v(x_0, \neg\neg p) = 1$ とするには，あるいは $v(x_0, \neg\neg\neg p) = 1$ とするにはどうすべきか。

‥
2.2　帰納法による証明

　直観主義論理のモデルにおける付値には，証明の特徴を捉えた遺伝性という性質が仮定されている。その仮定は命題変項のみに対してのものだが，当然，任意の複合式にも拡張されてしかるべきである。ただし，その拡張は仮定する必要はなく，証明することができる。

命題1（遺伝性）　直観主義論理のモデルにおける付値の遺伝性は，任意の論理式へと拡張される。すなわち，任意の論理式 A について，

(*)　　　　　　　$v(x, A) = 1$ かつ $x \le y$ ならば，$v(y, A) = 1$

　この命題は**論理式の構成にかんする帰納法**によって証明される。第1章で説明したように，論理式は命題変項から演算子を使って段階的に形成されるものとして帰納的に定義され，論理式に対する付値などはその帰納的な構造に沿って定義される。すべての論理式が何らかの性質を満たすことを証明しようとする場合も同様の手順が利用できる。その性質を Φ とすると，

(1)　まず，命題変項（つまりもっとも単純な論理式）が Φ を満たすこと
(2)　次に，論理式 A, B が Φ を満たすと仮定したとき（帰納法の仮定と言う），

$$A \wedge B,\ A \vee B,\ A \to B,\ \neg A$$

　　も Φ を満たすこと

を証明すれば，すべての論理式が Φ を満たすことが証明できたことになる。他の論理では命題定項や演算子の語彙の部分が異なるが，証明手順は同じである。

命題1の証明　証明は論理式の構成にかんする帰納法による（上記の Φ をここでは遺伝性（*）とする）。すなわち，

(1) まず，命題変項が遺伝性（*）を満たすこと

(2) 次に，論理式 A, B が遺伝性（*）を満たすと仮定したとき（帰納法の仮定），

$$A \wedge B, \quad A \vee B, \quad A \rightarrow B, \quad \neg A$$

　　も遺伝性を満たすこと

を示す。(1)の命題変項について（*）が成り立つことは付値の定義より自明である。(2)のうち，$\wedge$ の場合だけを示す。A および B が遺伝性を満たすと仮定する。$v(x, A \wedge B) = 1$ および $x \leq y$ と仮定する。$v(x, A \wedge B) = 1$ より，

$$v(x, A) = 1 \text{ かつ } v(x, B) = 1$$

である。A, B は遺伝性を満たすので，

$$v(y, A) = 1 \text{ かつ } v(y, B) = 1$$

である。これは $v(y, A \wedge B) = 1$ を意味する。　　　　　　　　□

問題2　上の証明における $\vee$，$\rightarrow$，$\neg$ の場合を証明しなさい。

$$\overset{\bullet\bullet}{}$$

2.3　妥当性

　推論の妥当性の概念は，様相論理の対応理論でやったように，フレームにおける妥当性から定義する。

定義6（妥当性）　$X \cup \{A\}$ を直観主義論理の論理式の集合とする。$M = \langle W, \leq, v \rangle$ を直観主義論理のモデルとする。ある $x \in W$ について，

$$\text{すべての } B \in X \text{ について } v(x, B) = 1, \text{ かつ } v(x, A) = 0$$

が成り立つとき，M を前提 X から結論 A への推論に対する**反例モデル**と呼ぶ。

　フレーム $F = \langle W, \leq \rangle$ 上に前提 X から結論 A への推論に対する反例モデルを構成する付値が存在しないとき，X から A への推論は（**直観主義論理の**）**フレーム F において妥当である**と言い，$X \vDash^F A$ と書く。

　すべてのフレーム F について $X \vDash^F A$ が成り立つとき，X から A への推論は

> 　**直観主義論理**において妥当であると言い，$X \vDash A$ と書く。他の論理（例えば古
> 典論理）と比較する際には，$X \vDash_{\mathrm{Int}} A$ と書く。
> 　$\varnothing \vDash A$（あるいは $\varnothing \vDash^{F} A$）であるとき，**論理式 A は（フレーム F において）**
> **妥当である**と言い，$\vDash A$（$\vDash^{F} A$）と書く。

例1　直観主義論理では排中律 $A \vee \neg A$ は妥当ではないが，その二重否定は妥
当である。すなわち，

(1) $$\nvDash A \vee \neg A$$

(2) $$\vDash \neg\neg(A \vee \neg A)$$

証明　(1)次が反例モデルである。反射性を示す矢印は省略する。

　$v(y, p) = 1$ より $v(x, \neg p) = 0$ である。したがって，$v(x, p) = 0$ と合わせ，
$v(x, p \vee \neg p) = 0$ である。

(2)　あるモデル $\langle W, \leq, v \rangle$ のある x において $\neg\neg(A \vee \neg A)$ が偽である，すな
わち，$v(x, \neg\neg(A \vee \neg A)) = 0$ と仮定する。

　このとき，$x \leq y$ なるある y について，$v(y, \neg(A \vee \neg A)) = 1$ である。すると，
$y \leq z$ なるすべての z について，$v(z, A \vee \neg A) = 0$，したがって $v(z, A) = 0$ かつ
$v(z, \neg A) = 0$ である。ここで $y \leq z$ なる z として y 自身をとる（反射性により $y \leq y$）と，

$$v(y, A) = 0 \text{ かつ } v(y, \neg A) = 0$$

である。$v(y, \neg A) = 0$ より，$y \leq w$ なるある w について $v(w, A) = 1$ である。
しかし，$y \leq w$ より，こんどは z として w をとると，

$$v(w, A) = 0 \text{ かつ } v(w, \neg A) = 0$$

のはずである。これは $v(w, A) = 1$ と矛盾するため，$v(x, \neg\neg(A \vee \neg A)) = 1$ と
結論できる。　　　　　　　　　　　　　　　　　　　　　　　　　　□

問題3　次を証明しなさい。

(1) $$A \models \neg\neg A$$
(2) $$\neg\neg A \not\models A$$
(3) $$A \vee B, \neg B \models A$$
(4) $$(A \wedge B) \to C \not\models (A \to C) \vee (B \to C)$$
(5) $$A \to B \models \neg B \to \neg A$$
(6) $$\neg B \to \neg A \not\models A \to B$$

　このように，二重否定除去則をはじめとして，直観主義論理では古典論理において妥当とされる推論がいくつか非妥当とされる。本章前半で触れた構成の概念と，これらがどのように関係するかは次章で詳しく説明する。

Case Study | ケーススタディ9

カリー・ハワード同型対応

　本文で軽く触れたが，直観主義論理においては含意 $A \to B$ が表すのは，A の証明から B の証明を構成する一般的な方法である。すると，モドゥス・ポネンス $A \to B$, $A \vDash B$ とは，その一般的方法を，与えられた A の証明にじっさいに適用して，B の証明を得る段取りを表すものと理解できる。

　ただ，この $A \to B$, $A \vDash B$ という形式だけを見るなら，話を証明に限る必要はないように思える。例えば，$A \to B$ というのが，A という型（タイプ・種類）のデータを入力として受け取り，B という型のデータを出力として返す関数の型を表すとしよう。とすれば，$A \to B$, $A \vDash B$ は，そのような関数を，型 A の入力に実際に適用して，型 B の出力を得るという段取り，すなわちある種の計算プログラムを表すものと解釈できる。

　例えば，整数を 2 乗するという計算（$(-)^2$ と表そう）は，整数という型（int と表す）の入力に対して，同じく整数型の出力を返す関数である。そこで一般に $x : A$ で「x は型 A のデータである」を表すことにすると，

$$(-)^2 : \text{int} \to \text{int}, \quad \textbf{13} : \text{int} \vDash (\textbf{13})^2 : \text{int}$$

は「2 乗計算アルゴリズムを13という整数に適用して，計算結果 $(13)^2$ を得る」というプログラムを表す。モドゥス・ポネンスと同じ形式である。

　この対応関係はモドゥス・ポネンスにかぎった話ではない。直観主義論理の演算子のそれぞれにかんする基本的な推論法則（**自然演繹の導入則・除去則**と呼ばれる）の形式は，**型付きラムダ計算**という基礎的なプログラミング言語の基本的な規則と同型対応する。つまり，直観主義論理の推論で証明を構成すると，それである一定のプログラムができ，逆に型付きラムダ計算のプログラムを書けば，直観主義論理の証明ができるのである。

　さらに，この対応関係は，たんに規則の形が同じであるということにとどま

らない。プログラムにとって重要なのはそれを実行することだが，型付きラムダ計算のプログラムの実行過程を，上の対応関係を通じて解釈すると，証明のなかの余計な回り道を除去して，結論にとって本質的な情報のみを抽出する過程と見なすことができる。このような過程を「証明の正規化」と呼ぶ。

　こうして，直観主義論理の証明と型付きラムダ計算のあいだには，

$$論理式＝データの型$$
$$証明＝プログラム$$
$$証明の正規化＝プログラムの実行$$

という一連の対応関係が成り立つ。これを発見者の名前をとって**カリー・ハワード同型対応**と呼ぶ。

　この発見は，20世紀後半のコンピュータの発展と相まって，直観主義論理に対する注目度を大きく高めることになった。同型対応により，直観主義論理について研究することは，プログラムについての計算機科学的研究をすることであり，その逆もまた然りということなのだから，学術的な興味の点でも，研究者をとりまく社会的な力学の観点からしても，当然といえば当然である。

　他方で，古典論理における証明の正規化は，その非構成的な性質のために，直観主義論理の場合ほどにはスムーズに機能せず，プログラムとの対応も一筋縄ではいかない。これは古典論理の証明に対する新しい見方や，古典論理とうまく対応する新しい計算モデルの開発を促すものと見るのが適当だろう（古典論理の間接証明は関数型プログラムの「継続呼び出し」という操作に対応することが知られている）。カリー・ハワード対応は，特定の論理とプログラミング言語の対応にとどまらず，論理学と計算機科学が緊密な連携のもとに新しい領域を切り開いていくという，一定の研究パラダイムを提示しているのである。

Active Learning | アクティブラーニング 9

Q.1

最小元をもつフレーム

集合 W 上の前順序 $\leq$ について，ある $0 \in W$ が，

$$すべての x \in W について 0 \leq x$$

を満たすとき，0 を（$\leq$ にかんする）最小元と呼ぶ。このとき，次の2つが同値であることを示しなさい。

(1) 論理式 A が直観主義論理において妥当（すべてのフレームで妥当）である。

(2) A が最小元 0 をもつ任意のフレームで妥当である。

ヒント：(1)ならば(2)は明らか。(2)ならば(1)は対偶で証明する。すなわち，A に対する反例モデルが与えられたときに，それを最小元をもつフレーム上の反例モデルへと変換できることを示せばよい。

Q.2

最小元の役割

最小元 0 をもつ任意の直観主義論理のフレーム F においては以下が成り立つことを証明しなさい。

(1) $\vDash^F A \Longleftrightarrow F$ 上の任意の付値 v について $v(0, A) = 1$

(2) $A \vDash^F B \Longleftrightarrow F$ 上の任意の付値 v について $v(0, A \to B) = 1$

前順序から順序へ[*]

前順序（反射的かつ推移的な 2 項関係）≤ がさらに，

反対称性：$x \leq y$ かつ $y \leq x$ ならば $x = y$

を満たすとき，≤ は**順序**（order ないし partial order）と呼ばれる。このとき，次の 2 つが同値であることを示しなさい。

(1) 論理式 A が直観主義論理において妥当（すべてのフレームで妥当）である。

(2) ≤ が順序である任意のフレーム $\langle W, \leq \rangle$ で，A が妥当である。

ヒント：(2)ならば(1)は，"$x \leq y$ かつ $y \leq x$" が同値関係であることを利用し，それによる同値類を可能世界とするフレームを構成する。

第10章

直観主義論理(2)
真理と様相

———

　本章では，いくつかの側面から直観主義論理の性質をあれこれと考えてみたい。まず，直観主義論理における真理概念について。直観主義論理では二重否定除去則や排中律が非妥当になるが，それは，"真でも偽でもない"という第三の真理値を認めることなのだろうか。話はそれほど単純ではなく，直観主義論理ではむしろ，真理は時間化・様相化されるのだと論じる。また，数学的に言っても直観主義論理を3値論理，あるいは有限の多値論理として特徴づけることはできないというゲーデルの証明もかんたんに紹介する。

　後半では，直観主義論理のかかわる2つの埋め込み（論理から別の論理への翻訳）を紹介する。ひとつは，**グリベンコの定理**と呼ばれる古典論理から直観主義論理への埋め込み，もうひとつは，前章で少し触れた，直観主義論理から**様相論理 S4への埋め込み**である。どちらも，直観主義論理の性質を他の論理との関係のもとで示してくれる啓発的な結果である。

KEYWORDS　#グリベンコの定理　# S4埋め込み

1 ｜ 直観主義論理の真理概念

・

1.1 時間化・様相化される真理

　直観主義論理のモチベーションは，非構成的な推論，なかんずく間接証明を妥当な推論から除外する，という点にあった。じっさい練習問題で見たように，直観主義論理では二重否定除去則 $\neg\neg A \models A$ は非妥当になる。また，もうひとつ直観主義論理を象徴するものとしては，排中律 $A \vee \neg A$ の非妥当性も挙げられるだろう。もし排中律が妥当になるとすれば，選言三段論法 $A \vee B$, $\neg B \models A$（これは直観主義論理でも妥当である）を使って，二重否定除去則が導かれてしまう。

　ここで，排中律が妥当でないということは，直観主義論理というのは"真でも偽でもない"という第三の真理値を認める論理なのか，と考える人もいるかもしれない。二重否定除去則にしてもそうである。A ではないことが否定されても，つまり $\neg\neg A$ だとしても，A とはかぎらないのだとすれば，その A は真でも偽でもないのではないか。ここが，真と偽だけで定義される古典論理と直観主義論理とを分かつポイントなのではないか。

　この推測は自然だが正しくはない。まず，真偽 (1, 0) だけでなく，第三，第四，あるいはそれ以上の真理値を用いる論理を**多値論理**と言うが，あとで見るように，直観主義論理を有限多値論理として特徴づけることはできない。形式論理上の事実として，直観主義論理は「真でも偽でもない」という第三の真理値を認める論理とは言えなさそうなのである。

　では，排中律や二重否定除去則の非妥当性をどう考えればよいだろうか。そもそも直観主義論理は，真と偽の概念を，"証明"をベースに考える論理である。その考え方のもとでは，ある命題が真であるとは証明が存在すること，偽であるとは $\neg A$ の証明，すなわち，A の証明が不可能であることの証明が存在することである。ここで注意すべきは，直観主義論理のモデルにも盛り込まれているとおり，証明というのは時間のなかで作られていくということである。そこでまず想定されるのは，ある命題が，いつか証明されるかもしれないが，まだ証明されていない（比喩的に言えば，まだ真ではない）という状況である。

　この観点からすると，排中律が非妥当とされるのは自然だろう。典型例は，数学における未解決問題である。例えば双子素数の予想「互いの差が2であるような素数の組（双子素数）は無限に存在する」のような，現時点でその証明もその否定の証明も得られていない問題や予想が，数学には多く存在する。そのような命題はまだ真でも偽でもない。つまり排中律が成り立たないような状況は存在する，というわけだ。

　ただし，これには少し注釈が必要である。直観主義論理の立場からしても，現時点で真とも偽とも判明していない命題のすべてについて，排中律が成り立たないとされるわけではない。例えば，ある与えられた自然数 n が素数であるかどうかについては，人類がそれをこれまで計算したことがないとしても，素数であるか素数でないかのどちらかだとは言える。なぜなら，それを決定する方法（アルゴリズム）が存在するからである。n が大きくなれば時間はかかるが，それでも，時間をかければ確実に答えが出ることはわかっている。このような，真偽を決定する方法が存在する命題については，直観主義論理の立場でも排中律は成り立つと言ってよい。

　対して，双子素数の予想をはじめとする数学の有名予想にはそのような方法は見つかっていない（だからこそ興味ある問題になる）。それらは，たんに現時点で肯定も否定も証明されていないというだけでなく，そのどちらかをいつか確実に得られるのか，それもわからない。排中律の妥当・非妥当の境界は，このような真偽の決定方法の有無にある。

　二重否定除去則についても同様である。前章冒頭で見たように，直観主義論理の立場からすると二重否定除去則を妥当と見なせないのは，二重否定 $\neg\neg A$ が証明されたからと言って，それでもって，A の証明に必要な構成が得られているとはかぎらないからであった。ここでも同様の注釈がつく。そのような必要な構成を生み出すことのできる方法が存在しているなら（それは上で言う真偽の決定方法と実質的に同じものであろう），$\neg\neg A$ とわかった段階で A だと結論づけてよい。しかし，そのような方法がどのような命題についても存在するとはかぎらない。それゆえに，二重否定除去則は妥当とは見なせない。

　まとめよう。直観主義論理は，真理を時間化・様相化する論理だと言える。すでに肯定か否定かが証明されている命題は問題ない。問題は，肯定も否定も

まだ証明されていない命題をどう考えるかである。それは真でも偽でもないというよりも，真かもしれないし偽かもしれない命題である。もちろんそのなかにも，いつかはどちらかに決定できることがわかっている命題とそうでない命題がある。真理を証明の観点から，もう少し広く言えば，人間が現実に行っている認識活動の観点から考えるならば，そこには自然と（ここで強調したような）時間や様相の概念が付随してくる。直観主義論理における排中律や二重否定除去則の非妥当性は，このような独特の視点の現れだと解釈できるだろう。

1.2　可能性のグラデーション

さて，以上のような時間化・様相化された真理概念に基づけば古典論理ではなく直観主義論理こそが正しい論理である，というのが直観主義論理の主張なのだが，この主張のベースとなる時間や様相の概念，とくに「いつかは…できる」という可能性の概念にはまだまだ議論の余地がある。

自然数 n が素数かどうかを判定する問題についてもう一度考えてみよう。直観主義論理の立場では，それを決定する方法があるので，「n は素数であるか素数でないかのどちらかである」の場合には，排中律は成り立つと見なされるのだった。しかし，高速なアルゴリズムやコンピュータが開発されているとは言え，n がとてつもなく大きくなれば（何しろ自然数には大きさの上限はない），答えを出すまでには，人類の存続期間を超える時間がかかるかもしれない。このような場合であっても「いつかは答えを出すことができるから，排中律は成り立つ」と言ってよいだろうか。

言ってよいとするのが直観主義論理である。直観主義論理が依拠するのは原理的な可能性である。これに対して，人類の存続期間を超えるような「いつかは」に意味はないのではとする立場もありうるだろう。すなわち，私たちが現実的に利用可能な時間や資源の限界を考慮した上での，実行的（feasible）な可能性で考えるべきだという立場である。古典論理から見れば直観主義論理は禁欲的にすぎる論理だが，別の立場から見れば，気前がよすぎるという批判を受けることも十分にありうるのである。

他方，その古典論理の側からも問い詰める声は上がるかもしれない。例えば，¬¬A が証明されたからといって，A が証明されたわけではない，この直

観主義論理の主張自体はよいとしよう。だがこのとき，A の証明は不可能だろうか。もし不可能だと証明されたら，それは ¬A ということだから，¬¬A と矛盾する。それゆえ，A が証明不可能と証明されることはありえない。これは，A が証明可能ということではないのか。

　もちろん，それで現実に A の証明が得られたわけではないし，（直観主義論理が要求するような）一般にそれを得るための方法があるわけでもない。それでも，不可能ではありえないのだから，いつかは証明できるのではないか。人類が存続しているあいだは無理かもしれない。いまの人類の知力では無理かもしれない。しかし，この「いつかは…できる」と，直観主義論理の認める原理的な可能性とのあいだに，どれだけ明確な境界線が引けるだろうか。引けないのだとすれば，¬¬A ならば A だと認めてよいのではないか。

　こうした異論に対しては，直観主義論理の立場から，可能性の概念をさらに精緻化するような反論も可能だろうが，ここでやめておこう。いずれにせよ，「いつかは…できる」という可能性にはグラデーションがあり，そのうちのどこまでを認めるのか，あるいは異なるように見える立場をどれだけ明確に区別できるのかについては，かなり繊細な議論が必要になるのである。哲学的な議論が続いたので，このあたりでテクニカルな話に戻ろう。

1.3　直観主義論理は 3 値論理ではない

　上で触れた「直観主義論理は 3 値論理ではない」ことの証明の概略を紹介する。多値論理の正式な定義をしていないので曖昧な言い方でごまかすところもあるが，基本的な考え方はわかってもらえることと思う。

　まず，直観主義論理の重要な性質をひとつ，ここでは補題として紹介する。

補題 1（選言特性）　$\vDash_{\mathsf{Int}} A \lor B$ ならば，$\vDash_{\mathsf{Int}} A$ あるいは $\vDash_{\mathsf{Int}} B$ のどちらかが成り立つ。

証明　対偶の形，$\nvDash A$ かつ $\nvDash B$ ならば $\nvDash A \lor B$ を示せばよい。具体的には，A と B に対してそれぞれ存在するとされる反例モデルを"合体"させて，$A \lor B$ に対する反例モデルを構成すればよい。詳細は読者に任せる。　　　　　　　□

　選言特性は，直観主義論理の"構成性"の重要な特徴である。「AかBかのどちらかだ」と言いたいなら，そのどちらなのかを具体的に示さなければならない。あるいはそれを決定するための方法を示さなければならない。すでに述べたように，排中律$A \vee \neg A$が直観主義論理において妥当でないのは，そのような方法は一般的には存在しないからなのであった。

　ともあれ，この性質を念頭において，ゲーデルによる次の命題を証明しよう。

命題1　直観主義論理は3値論理ではない。

証明の概略　直観主義論理が，真偽および"真でも偽でもない"の3値で定義づけられる論理だとしよう。すなわち，これらのうちのひとつを各命題変項に割り当てる付値によって定義された妥当性が，これまでに見てきた，可能世界意味論によって定義された妥当性と一致するとしよう。

　このとき，相異なる4つの命題変項p_1, p_2, p_3, p_4を用意し，次の論理式を考える（ただし，$A \leftrightarrow B := (A \rightarrow B) \wedge (B \rightarrow A)$と定義する）。

$$(*) \qquad (p_1 \leftrightarrow p_2) \vee (p_1 \leftrightarrow p_3) \vee (p_1 \leftrightarrow p_4) \vee (p_2 \leftrightarrow p_3) \vee (p_2 \leftrightarrow p_4) \vee (p_3 \leftrightarrow p_4)$$

　どのような付値vのもとでも，それが割り当てることのできる3つの真理値に対して4つの命題変項があるので，4つのうちのどれか2つは同じ値をとることになる。それをp_iとp_jとしよう。すると，$p_i \leftrightarrow p_j$は真になるはずであり，したがってそれを含む選言全体$(*)$もまた真になるはずである。つまり，どのような付値のもとでも，$(*)$は真になる。つまり，$(*)$は妥当式である。

　注意　大筋の理解には影響しないが，正確には，多値論理の枠組みではここでの「真」は，それを一般化した「指定値」という概念に置き換えられる。

　ところが$(*)$が妥当だとすれば，補題1の選言特性により，$(*)$を構成するいずれかの$p_k \leftrightarrow p_m$が妥当でなければならない。しかし，可能世界意味論によるモデルを使えばわかるように，どの$k, m (k \neq m)$についても，$p_k \leftrightarrow p_m$は直観主義論理において妥当ではない。矛盾が生じたので，直観主義論理が3値論理であるという仮定が誤りであったと結論できる。　□

　以上の概略から，直観主義論理は3値論理でないだけでなく，どのような有限の n についても，n 値論理としては定義できない，ということもわかるはずである（$n+1$ 個の相異なる命題変項を用意すればよい）。つまり，直観主義論理は有限多値論理ではないのである。厳密な証明は，次章で提示する多値論理の定義に基づいて，自分で構成してほしい。

2 ｜ 2つの埋め込み

　様相論理から述語論理への埋め込みで見たように，ある論理を別の論理へと翻訳し埋め込むことで，2つの論理の間の関係やそれぞれの論理の性質が浮かび上がってくる。以下では，直観主義論理の関わる2つの埋め込みを紹介する。

2.1　グリベンコの定理

　グリベンコの定理と呼ばれるひとつめの埋め込みは，古典論理を直観主義論理に埋め込むことができる，という趣旨の定理である。まず次のことを確認しておこう。

> **命題2**　古典論理は直観主義論理の真の拡張である。すなわち，(1)直観主義論理において妥当な推論は古典論理でも妥当であり，かつ，(2)古典論理では妥当だが直観主義論理においては妥当でない推論が存在する。

証明　(2)についてはすでに確認している。(1)については対偶を示せばよい。すなわち，古典論理において妥当でない推論は，直観主義論理でも妥当でないことを示せばよい。証明は練習問題とする。　　　　　　　　　　　□

問題1　上記の証明を完成させなさい。

　単純に妥当な推論の集合として比べれば，古典論理は直観主義論理を包含し，さらにそれより真に大きい。対して，次のグリベンコの定理は，ある意味でその逆の包含関係が成り立つとも言えるという定理である。

定理 1（グリベンコの定理）　任意の論理式 A に対し，

$$\models_{\mathrm{CL}} A \Longleftrightarrow \models_{\mathrm{Int}} \neg\neg A$$

が成り立つ。$\models_{\mathrm{CL}}$ は古典論理の妥当性を，$\models_{\mathrm{Int}}$ は直観主義論理の妥当性を表す。

証明　省略する。ここまでに学んだ道具立てでは，わかりやすい証明は難しいが，証明論におけるシークエント計算という枠組みを用いればかんたんに証明できる。　　　　　　　　　　　　　　　　　　　　　　　　　　　　　　□

　例えば，排中律 $A \vee \neg A$ は直観主義論理では妥当ではないが，前章の例で見たようにそれに二重否定を付けた形 $\neg\neg(A \vee \neg A)$ は妥当になる。上の定理は，この現象が一般に成り立つことを示している。古典論理における妥当式は一般に，直観主義論理における妥当式から，間接証明（二重否定除去則）を使って得られたものとして特徴づけられる，ということであり，これまでの議論とも符合する。

2.2　ゲーデル・マッキンゼー・タルスキ翻訳

　次は，直観主義論理を別の論理へと翻訳する埋め込みを紹介する。考案者たちの名前をとってゲーデル・マッキンゼー・タルスキ翻訳と呼ばれるこの翻訳は，直観主義論理から様相論理 S4 への埋め込みである。

定義 1　直観主義論理の論理式から様相論理 S4 の論理式への翻訳 τ を次のように定義する。

$$\tau(p) = \Box p$$
$$\tau(A \wedge B) = \tau(A) \wedge \tau(B)$$
$$\tau(A \vee B) = \tau(A) \vee \tau(B)$$
$$\tau(A \to B) = \Box(\tau(A) \to \tau(B))$$
$$\tau(\neg A) = \Box \neg \tau(A)$$

　命題変項の翻訳は，直観主義論理のモデルにおける遺伝性を反映している。また，含意の翻訳における右辺の → が古典論理の実質含意であることに注意すると，直観主義論理の含意が，厳密含意 $\tau(A) \dashv \tau(B)$ に翻訳されていることがわかる。

定理2　$X \cup \{A\}$ を直観主義論理の論理式の集合とする。このとき，次が成り立つ。

$$X \vDash_{\mathsf{Int}} A \Longleftrightarrow \tau(X) \vDash_{\mathsf{S4}} \tau(A)$$

　ただし，$\tau(X) = \{\tau(B) | B \in X\}$ とし，$\vDash_{\mathsf{Int}}$ は直観主義論理における妥当性，$\vDash_{\mathsf{S4}}$ は S4 における妥当性を表す。

証明　推論ではなく妥当式についてだけ示す。推論の場合への拡張は自明である。証明は対偶

$$\nvDash_{\mathsf{S4}} \tau(A) \Longleftrightarrow \nvDash_{\mathsf{Int}} A$$

に対して与える。S4 での反例モデルから直観主義論理における反例モデルが作れること，およびその逆も成り立つことを示せばよい。

　[$\Longrightarrow$] $\tau(A)$ に対する S4 の反例モデル $\langle W, R, v \rangle$ が与えられたとする。ある $x \in W$ について，$v(x, \tau(A)) = 0$ である。このとき，R は反射的かつ推移的だから，$\langle W, R \rangle$ は直観主義論理のフレームである。このフレーム上の付値 v' を，

$$v'(w, p) = 1 \Longleftrightarrow v(w, \Box p) = 1$$

と定義する（v' は遺伝性を満たすことを確認しよう）。すると，任意の $w \in W$ と任意の直観主義論理の論理式 B について，

(1) $\qquad\qquad\qquad v'(w, B) = 1 \Longleftrightarrow v(w, \tau(B)) = 1$

が成り立ち，とくに，$v'(x, A) = 0$ となる。$\langle W, R, v' \rangle$ は A に対する直観主義論理の反例モデルである。

［⟸］A に対する直観主義論理の反例モデル $\langle W, \leq, v \rangle$ が与えられたとする。ある $x \in W$ について $v(x, A) = 0$ である。このとき，$\langle W, \leq \rangle$ は S4 フレームであり，その上の付値 v' を，

$$v'(w, p) = 1 \Longleftrightarrow v(w, p) = 1$$

と定めると，任意の $w \in W$ と任意の直観主義論理の論理式 B について，

(2) $$v'(w, \tau(B)) = 1 \Longleftrightarrow v(w, B) = 1$$

が成り立ち，とくに $v'(x, \tau(A)) = 0$ となる。つまり，$\langle W, \leq, v \rangle$ は $\tau(A)$ に対する S4 の反例モデルである。   □

問題2   上の(1)，(2)の部分を証明しなさい。どちらも帰納法を用いる。

直観主義論理の論理式 A から翻訳された $\tau(A)$ の特徴は，それが $\Box \tau(A)$ と論理的に同値になることである。つまり，$\tau(A)$ が S4 モデルにおいて真であるときには，たんに真であるだけでなく，必然的に真でもある。これはまさに，数学的真理（証明された命題）の特徴であると言ってよいだろう。

様相論理 S4 の論理式は一般に，状況（可能世界）に応じて真であったり偽であったりする "日常的な命題"（「雨が降っている」など）を表していると考えられる。直観主義論理からの埋め込みは，そのような命題のなかから，「真であれば必然的に真でもある」という特徴をもつ部分を切り出すはたらきをもつ。内容としてはまったく異なるが，様相論理の述語論理への埋め込みが，全体としては決定不可能な述語論理のなかから決定可能な断片を取り出すはたらきをしていたのと類比的に考えられるだろう。

問題3   上に述べたことを証明せよ。すなわち，任意の直観主義論理の論理式 A について，$\tau(A)$ は $\Box \tau(A)$ と S4 において論理的に同値である。
　　ヒント：帰納法による。S4 フレームの性質（反射性・推移性）およびそれに対応する推論を用いればよい。

問題4   直観主義論理の含意は本質的に厳密含意なので，厳密含意のパラドク

スなどをそのまま引き継ぐことになる。直観主義論理において次が成り立つことを証明しなさい。

(1) $\qquad B \models A{\rightarrow}B$

(2) $\qquad \neg A \models A{\rightarrow}B$

(3) $\qquad A{\rightarrow}B,\ B{\rightarrow}C \models A{\rightarrow}C$

(4) $\qquad A{\rightarrow}B \models (A{\wedge}C){\rightarrow}B$

(5) $\qquad A{\wedge}\neg A \models B$

(6) $\qquad (A{\rightarrow}B){\wedge}(C{\rightarrow}D) \not\models (A{\rightarrow}D){\vee}(C{\rightarrow}B)$

(7) $\qquad \neg(A{\rightarrow}B) \not\models A$

Case Study ｜ ケーススタディ10

実在論論争と意味の理論

　例えば，将棋のルールを知らず，もちろん対局をすることもなく，幸せな人生を過ごして亡くなった人。その人には将棋の才能があったか，それとも無かったか。証拠や手がかり（例えばチェスは得意だったとか）がないと何とも言えないと考えるか，それとも，証拠や手がかりとは独立に，あったか無かったかのどちらかであることは間違いないだろうと考えるか。もし後者ならあなたは，人間の才能にかんする実在論者であり，前者なら反実在論者である。

　人間の才能や性格という捉えどころのないもの，過去や未来，数学的無限。これらは実在するのか，それとも人間による構成物にすぎないのか。哲学ではさまざまな領域でこうした実在論論争が繰り広げられている。が，もちろん簡単に答えは出ない。反論・再反論が決定打なく繰り返されるだけである。

　哲学者マイケル・ダメットは，この議論状況に対して"ルール変更"を提案した。すなわち，ある領域の存在者にかんする実在論の成否は，その存在者にかんする命題にどのような真理概念や論理が適用されるかによって決められるべきだ，としたのである。つまり，実在論論争を，存在者そのものではなく，それらにかんする言語や論理の問題として考えようということだ。

　ルールはこうである。もし，当該領域の命題が，証拠や手がかりとは独立に真あるいは偽のどちらかに決まっていると考えられるなら，すなわち，いわゆる2値原理の成り立つような真理概念がその領域にはふさわしいなら，そこでは実在論が成り立つ。人間の認識活動とは独立に，実在がそれらの命題の真理値を決めてくれているということだからである。そして，2値的な真理概念で定義づけられる論理とは古典論理にほかならない。反対に，2値原理が採用できないならそこで成り立つのは反実在論であり，その領域で妥当するのは，証明を典型とした人間の認識活動をベースにして定義される直観主義論理である。ダメットは，実在論・2値原理・古典論理という枢軸に対する，非2値的

で反実在論的な直観主義論理，という対立図式を描いてみせたのである。

　しかし，存在から言語・論理へと移行することで実在論論争に決着はつくのだろうか。2値原理を採るかどうか，古典論理かそれとも直観主義論理か，それはどのようにして決めればよいのか。数学的に定義された形式論理だけを見ていてもやはりラチは開かない。ここでもダメットは新しい土俵を設定する。

　言葉はどのようにして意味をもつようになるのか。私たちは言葉の意味をどのように理解しているのか。言葉の意味とその理解の成り立ちを説明する理論を「意味の理論」と呼ぶ。古典論理と直観主義論理の争いの決着は，この意味の理論のレベルで付けられる，とダメットは言う。

　そして彼はこう論じる。言葉の意味の理解は，それを用いて私たちが行うさまざまな言語的活動に根ざしたもののはずである。推論したり何かを証明したり証拠立てたりという認識的な活動も，その重要な一部である。このような考え方からすると，"私たちの認識活動から独立した真理"というのは，自然なように見えてじつは出所不明な，謎の概念と言わざるをえない。それゆえ，私たちの言語的活動が，そのような謎の概念に依存しない首尾一貫したものであるなら，言語的活動に根ざした意味理解の成り立ちを説明する意味の理論は，私たちの従っている，あるいは従うべき論理を，2値原理に基づく古典論理ではなく，直観主義論理として説明することになるだろう。

　超駆け足で説明したが，存在から言語・論理への転換や，理解の説明としての意味の理論という研究プログラムといった，スケールの大きな哲学的議論を，ダメットは直観主義論理とともに思考し，深めていった。代表的な非古典論理としての直観主義論理のこんにちの隆盛には，ダメットの重厚な哲学の寄与するところ大なのである。

Active Learning │ アクティブラーニング10

有限モデル性

___

　直観主義論理が有限モデル性をもつこと，すなわち，ある推論に対して反例モデルが存在するなら，そのなかに有限の反例モデルが存在することを証明しなさい。

ヒント：本章で紹介した S4への埋め込みを利用して，S4の有限モデル性を経由して証明する。

古典論理と S5*

___

　古典論理は様相論理 S5に埋め込むことができる。すなわち，

$$X \vDash_{CL} A \iff \tau(X) \vDash_{S5} \tau(A)$$

である。ただし，τは160頁の定義1で定義したものであり，$\vDash_{CL}$，$\vDash_{S5}$はそれぞれ，古典命題論理と S5における妥当性を表す。これを証明しなさい。

ヒント：第7章のアクティブラーニングで見たように S5は，$\square$と$\lozenge$が到達可能性による制限なしに，

$$v(x, \square A) = 1 \iff \text{すべての } y \text{ について } v(y, A) = 1$$
$$v(x, \lozenge A) = 1 \iff \text{ある } y \text{ について } v(y, A) = 1$$

と定義される様相論理と等しいのだった。これを利用する。

第11章

多値論理
真理値は2つで十分か

——

ここまでは，いわゆる可能世界意味論の枠組みを使っていくつかの非古典論理を定義し，議論してきたが，ここでいったんそこから離れて別のアプローチを見ることにしよう。**多値論理**（many-valued logic）である。

古典論理では，どの論理式も真か偽のどちらかである。真かつ偽の両方ということもないし，どちらでもないということもない。その意味で古典論理は2値的な論理である。前章で見た直観主義論理は，古典論理の2値性に対して証明や構成，およびそこに付随する時間や様相の概念から再考を迫るというアプローチだったが，本章で扱う多値論理はある意味でもっとシンプルに，真理値は2つより多くてよいという前提から出発する。

以下では，まず古典論理の2値性の仮定，ここでは「整合性の仮定」「完全性の仮定」と呼んでいるが，それらに対するさまざまな視点からの反論，批判を紹介する。そしてそれを踏まえて，上記2つの仮定を満たさず，それゆえ3つ以上の真理値を用いる論理を3つ（K3，LP，FDE）定義し，古典論理を含めた4つの論理のあいだの関係を見る。

KEYWORDS #多値論理 #爆発則 #排中律 #矛盾許容論理

1 | 爆発則と排中律

・

1.1 　2つの推論と2つの仮定

　非古典論理は，古典論理で妥当とされる何らかの推論に対する疑念から出発する。厳密含意の論理が批判したのは，パラドクスを導く実質含意であり，直観主義論理が問題視したのは古典論理の間接証明だった。多値論理の場合，その敵は，さしあたりは次の2つの推論だと言ってよいだろう。すなわち，

(爆発則) 　　　　　　　　　　　$A \land \neg A \vDash B$

(排中律) 　　　　　　　　　　　$A \vDash B \lor \neg B$

　最初の推論は「矛盾 $A \land \neg A$ からは任意の B が帰結する」という，矛盾の破壊的性質を表しているので「爆発則」と呼ばれる。これが古典論理において妥当になるのは，$A \land \neg A$ が真になることはありえず，それゆえ，この推論に対する反例モデルは存在しないからである。

　排中律については，すでに前章の直観主義論理の観点からも問題視されていたが，ここでは，$B \lor \neg B$ 単体ではなく推論の形で考えている。すなわち，古典論理では $B \lor \neg B$ が偽になることはありえないので，前提にどのような論理式 A をもってこようとも，その推論は妥当になるということである。

　どちらの推論もカギになるのは肯定と否定の関係である。すなわち，

A と $\neg A$ がともに真になることはありえない

A と $\neg A$ がともに偽になることはありえない

という関係のゆえにどちらも妥当とされる。さらに，否定というのは，

$\neg A$ が真である $\Longleftrightarrow$ A が偽である

$\neg A$ が偽である $\Longleftrightarrow$ A が真である

とふつう定義されるので，上の関係は次のようにも言い換えられる。

$$A が真でありかつ偽であることはありえない$$
$$A が真でも偽でもないということはありえない$$

　前者を「整合性の仮定」，後者を「完全性の仮定」と呼ぶことにする。古典論理は，すべての論理式が1（真）か0（偽）のどちらかの，そしてそのどちらかだけの真理値をとる，2値的な論理である。言い換えれば，古典論理は以上の2つの仮定を満たすように作られた論理であり，それゆえに，そこでは爆発則も排中律も妥当になる。

　しかし，ほんとうにこの2つの仮定に反するような状況は「ありえない」のだろうか。以下では，いくつかの疑念を紹介する。

1.2　2つの仮定に対する疑念

■**あいまい性**　「白」や「黒」などの色の名前が典型だが，私たちの言語には境界線があいまいな表現が多く含まれている。すなわち，明白にAであるものと，明白にAではないもののあいだに，どちらとも言えない，あるいはどちらとも言えるようなグレーゾーンを含む表現である。そのような表現については，整合性・完全性の仮定のどちらか，あるいは両方は成り立たず，それゆえ，爆発則や排中律は成り立たないのではないだろうか。

■**パラドクス**　論理学者はパラドクスを好む。例えば，

(L)　　　　　　　　　　　　　　Lは偽である

という文Lを考える。文中に現れるLは，この文それ自体を指している。つまり，このLは「自分自身が偽である」と主張する文である。

　ここで，もし(1)このLが真だとすれば，Lが言っているとおりということだから，Lは偽だということになる。一方，(2)Lが偽なら，「Lは偽である」は正しくない，よってLは偽ではなく真だということになる。

　さて，Lは真か偽のどちらかのはずである。真の場合，(1)よりLは偽である。偽の場合，(2)よりLは真である。つまり，いずれにせよLは真かつ偽である。これは矛盾である。このL（およびそのいろいろな類似バージョン）を**う**

そつきパラドクスと呼ぶ。

　次は，よく似た形の**ラッセルのパラドクス**である。"自分自身を要素として含まない集合すべてを集めた集合"を R としよう。すなわち，

$$R = \{x \mid x \notin x\}$$

とする。するとこのとき，

$$R \in R \Longleftrightarrow R \notin R$$

が成り立つ。$R \in R$ は真か偽のいずれかであるから，うそつきのパラドクスの場合と同様，$R \in R$ かつ $R \notin R$ が導かれる。これもやはり矛盾である。

　これらが「パラドクス」と呼ばれるのは，真偽や集合といったベーシックな論理的概念と，ごくかんたんな論理的推論を組み合わせるだけで，矛盾が導かれてしまうからである。つまり，私たちの思考枠組みの基礎的な部分に何か"故障"があるということを，これらのパラドクスは示している。その故障箇所を突き止め，その修理法を提案するのが，論理学者の仕事である（故障を見つけることこそが幸せ，のような人もいるようだが）。

　例えば，L は自分自身が偽であると述べており，R は自分自身を要素として含まない集合すべてを集めた集合である。こうした自己言及が，これらのパラドクスの発生に一役買っていることはまちがいない。そこで，真偽や集合にかんして自己言及的な使用法を禁止するというのが，ひとつの修理法である。

　ただし，それが唯一の修理法とはかぎらない。例えば，うそつきにしてもラッセルのパラドクスにしても，矛盾の導出では完全性の仮定を使っている。だから，こういう場面で完全性の仮定を使うのがまちがいなのだという議論を展開することも可能だろう。あるいは，完全性の仮定を使って矛盾が導かれたとしても，「矛盾の何がそんなにいけないのか？」と言い返すやり方だってある。整合性の仮定もまた，吟味の対象となりうるのである。

■宗教的言説における矛盾　例えば龍樹『中論』には「すべては実在し，かつ実在しない。すべては実在するわけでも実在しないわけでもない」という一節がある。世界の究極を突き止めようとする宗教的なテキストにはしばしば，こ

うした矛盾が現れる。そのことでもって，宗教的な言説は神秘的なものであり，論理に従った合理的検討には適さないと言われることもある。だが，『中論』を読めば，龍樹自身がある種の論理的な議論を展開していることは明らかである。その"龍樹の論理"を理解するには，たんに矛盾を「ありえない」ものとして排除して終わりというわけにはいかないのである。

■関連性　ここまでとは少しちがう視点で考えてみよう。たとえ矛盾が「ありえない」ものだとしても，それでもやはり爆発則に違和感を覚える人はいるはずである。なぜならそれは，矛盾からは何でも帰結すると言っているからである。その矛盾とは内容的に何の関連性もない命題であっても，である。

　推論というのは，前提の内容をしっかり吟味して，そこから言えることを引き出すという活動のはずである。前提と結論のあいだに関連性がないにもかかわらず，それでも妥当な推論などあってよいものだろうか。これは爆発則だけでなく，推論として定式化された排中律にももちろん当てはまる。

　このように，整合性と完全性の仮定は，疑いようもなく成り立つ普遍的原則というわけではなく，さまざまな観点から検討の余地がある仮定だと言ってよいだろう。とはいえ，こうした疑念は，これらの仮定をとらない論理が数学的に首尾一貫した仕方で定義されないかぎり，しっかりとした根拠をもちえない。以下では，真偽だけでなく，「真でも偽でもある」あるいは「真でも偽でもない」という可能性を認める **3 値論理 K3**, **LP** および **4 値論理 FDE** を定義する。

2 ｜ FDE, K3, LP, CL

2.1　4 種類の付値

まず，これらの多値論理の言語を定義する。

> **定義 1**（言語）　**K3**, **LP**, **FDE** の語彙は，命題変項および連言 $\wedge$，選言 $\vee$，否定 $\neg$ の 3 つの演算子からなる。含意を使うときは実質含意 $A \to B := \neg A \vee B$ として定義する。

　付値の定義に移ろう。真偽のあいだの整合性と完全性を前提しないなら，次の４つの可能性が考えられることになる。すなわち，

- A は真である（そして偽ではない）
- A は偽である（そして真ではない）
- A は真であり，かつ，偽である
- A は真でも偽でもない

　この４つの可能性をそれぞれ t（true only），f（false only），b（both true and false），n（neither true nor false）と表すことにする。これまでは１, ０を使ってきたがここでは t, f に置き換えている。ここからは，これら４つの真理値を考える。そこで次のように定義する。

定義2（４種類の付値）　各命題変項に対し t, f, b, n いずれかを割り当てる関数 v を**付値**と呼ぶ。このうち，どの命題変項に対しても b を割り当てることのない付値を**整合的な付値**，どの命題変項に対しても n を割り当てることのない付値を**完全な付値**と呼ぶ。整合的かつ完全な付値を**古典的付値**と呼ぶ。

　整合的な付値および完全な付値とはそれぞれ，整合性および完全性の仮定を満たす付値である。古典論理の１, ０を割り当てる付値（古典的付値）は，この枠組では，整合性・完全性の双方を満たす付値と位置づけられる。

定義3　命題変項への付値 v が与えられたとき，複合式 $A \wedge B$, $A \vee B$, $\neg A$ の真理値は次の真理値表に従って与えられる。

$\wedge$	t	f	b	n		$\vee$	t	f	b	n		$\neg$	
t	t	f	b	n		t	t	t	t	t		t	f
f	f	f	f	f		f	t	f	b	n		f	t
b	b	f	b	f		b	t	b	b	t		b	b
n	n	f	f	n		n	t	n	t	n		n	n

　整合的な付値や完全な付値を考えるときには，これらの真理値表からそれぞれ b や n の行・列を削除して計算する。b, n の行・列をどちらも削除すれば，古典論理の真理値表が得られる。

　4つの真理値がなす構造は，次のような図によって表すことができる。

　矢印は順序関係 ≤ と考える（それゆえ反射的かつ推移的だが，それらから導出される矢印は省略している）。この順序は「より真である」あるいは「より偽でない」を表す。例えば t も b も真ではあるが，t は偽ではないので，「より偽でない」度は b より高い，といった具合である。

　このような構造をした集合の上で，例えば選言 ∨ は2つの要素の**上限（最小上界）**をとる操作と見なすことができる。一般に，2つの要素 a, b の上限とは，$a \leq c$, $b \leq c$ を満たし，かつ同じく $a \leq d$, $b \leq d$ を満たす任意の d（a, b の**上界**と言う）に対しては $c \leq d$ となる c のことである。この構造においては，例えば b, n の上限は t である。連言 ∧ はその双対，すなわち，2つの要素の**下限（最大下界）**をとる操作である。否定は $a \leq b \iff \neg b \leq \neg a$ を満たす演算，すなわち順序を反転させる操作である。

　整合的な付値や完全な付値を考えるなら，真理値表の場合と同じく，上の図から真理値 b や n を除外することになる。これらの構造においては，2つの要素の上限および下限は，2つの要素のうちの最大元および最小元と一致する。

2.2　妥当性

　次は妥当性を定義する。これまでは，前提が真，結論は偽なモデルを反例としてきたが，ここでは前提が真で，結論が真ではない付値が反例となるので注意が必要である。

定義4　$X \cup \{A\}$ を論理式の集合とする。ある付値 v が，

- すべての $B \in X$ について，$v(B) \in \{t, b\}$（B が真である）
- $v(A) \in \{f, n\}$（A は真ではない）

を満たすとき，v を前提 X から結論 A への推論に対する**反例**と言う。

- 反例が存在しないとき，X から A への推論は FDE において妥当である と言い，$X \vDash_{\mathsf{FDE}} A$ と書く。そのような推論すべての集合を論理 FDE （First Degree Entailment）と呼ぶ。
- 整合的な付値による反例が存在しないとき，X から A への推論は K3 に おいて妥当であると言い，$X \vDash_{\mathsf{K3}} A$ と書く。そのような推論すべての集 合を論理 K3（Kleene の3値論理）と呼ぶ。
- 完全な付値による反例が存在しないとき，X から A への推論は LP にお いて妥当であると言い，$X \vDash_{\mathsf{LP}} A$ と書く。そのような推論すべての集合 を論理 LP（Logic of Paradox）と呼ぶ。
- 古典的付値による反例が存在しないとき，X から A への推論は CL にお いて妥当であると言い，$X \vDash_{\mathsf{CL}} A$ と書く。そのような推論すべての集合 は古典論理である。

例1

$$A \wedge \neg A \nvDash_{\mathsf{LP}} B$$

証明　$v(p) = b, v(q) = f$ として付値 v を定義する（他の命題変項はすべて t とす る）。この付値は完全な付値である。このとき，$v(\neg p) = b$ であるから $v(p \wedge \neg p) = b$ であり，付値 v は $p \wedge \neg p \vDash q$ に対する反例である。　　　□

問題1　次を示しなさい。これまでと同様，妥当性を示すには反例の存在を仮 定して矛盾を導き，非妥当性を示すには自分で付値を定義すればよい。

(1)　　　　　　　　　$B \nvDash_{\mathsf{K3}} A \vee \neg A$

(2)　　　　　　　　　$B \vDash_{\mathsf{LP}} A \vee \neg A$

(3)　　　　　　　　$A \wedge \neg A \vDash_{\mathsf{K3}} B$

　LP は Logic of Paradox という名前の通り，うそつきやラッセルのパラドクスを扱うための論理である。一般に矛盾が"わるい"ものとされるのは，ある理論において矛盾が発生すれば，爆発則によってその理論においてすべてが正しいことになってしまう，言い換えると理論が$\overset{\bullet\bullet\bullet\bullet\bullet}{トリビアル}$になってしまうからである。LP は爆発則を非妥当化することで，パラドクスがもたらすトリビアル性を回避し，矛盾を無害化する論理なのである。

　一般に，LP のように爆発則を非妥当とする論理を**矛盾許容論理**（paraconsistent logic）と呼ぶ。それにならって言うと，K3は $B \vDash A \vee \neg A$ が成り立たない paracomplete logic である（直観主義論理も paracomplete である）。こちらは私の知るかぎり定訳はない。不完全性許容論理，くらいだろうか。

問題2　次を証明しなさい。ただし$\dashv\vDash$は両向きの推論が妥当であることを表す。

(1)
$$\neg\neg A \dashv\vDash_{\text{FDE}} A$$

(2)
$$\neg(A \vee B) \dashv\vDash_{\text{FDE}} \neg A \wedge \neg B$$

(3)
$$\neg A \vee \neg B \dashv\vDash_{\text{FDE}} \neg(A \wedge B)$$

問題3　次が FDE（および CL）では成り立つこと，LP と K3では成り立たないことを示しなさい（FDE についての証明は他の3つについてより難しい）。

$$A \vDash B \text{ならば} \neg B \vDash \neg A$$

2.3　4つの論理のあいだの関係

命題1　4つの論理のあいだの関係は次の図にまとめられる。

　　ここでの矢印は，妥当な推論の集合としての論理のあいだの真部分集合（真
の拡張）関係を表す。例えば，FDE で妥当な推論はすべて LP でも妥当であり，
かつ，FDE で妥当ではないが LP で妥当な推論が存在するということである。

証明　部分集合関係，例えば K3で妥当な推論はすべて CL でも妥当だという
ことは，CL を定義づける古典的（整合的かつ完全）な付値が，K3を定義づけ
る整合的な付値でもあることを考えれば明らか。他の場合もすべて同様であ
る。真部分集合であることは，例1および問題1から言える。　　　　　　□

　　以上に付け加えると，同じく例1および問題1から，K3と LP は "比較不可
能" であることもわかる。すなわち，一方がもう一方の部分集合になっている
という関係は成り立たない。

　　ところで，排中律と爆発則の問題のひとつは，それらが任意の論理式から帰
結したり，任意の論理式を帰結したりすること（そして，それに起因する関連性
の欠如）にあった。K3では排中律が，LP では爆発則が非妥当になるが，それ
だけでなく，この問題が一般的に解消されている。

命題2

・K3においては，どんな B についても $B \models_{K3} A$ となるような A，つまり任
　意の論理式から帰結する A は存在しない。

・LP においては，どんな B についても $A \models_{LP} B$ となるような A，つまり
　任意の論理式を帰結する A は存在しない。

証明　A に現れるすべての命題変項の真理値が n になるような付値のもとで
は，A 全体の値も n になる。また同様に，A に現れるすべての命題変項の真
理値が b ならば，A 全体の値も b になる。これらを A の構成にかんする帰納
法で示せば，すぐに帰結する。　　　　　　　　　　　　　　　　　　　□

　　もちろん K3では爆発則が，LP では排中律が妥当なので，両論理では関連性
の欠如が完全に排除されているわけではない。しかし FDE では次が成り立つ。

命題3　論理式 A と B は共通の命題変項を含まないとする。このとき，

$$A \nvDash_{\mathsf{FDE}} B$$

が成り立つ。言い換えれば，**FDE** において妥当な推論の前提と結論は，必ず何らかの命題変項を共有している。

証明　前命題の証明で述べた性質を合わせて用いればよい。　　　　　□

　推論の前提と結論が内容上の関連性をもつとはどういうことか。これを厳密に定めることは難しいかもしれないが，「前提と結論が共通の命題変項を含む」というのは，ひとつのわかりやすい規準だと言えるだろう。この規準を満たす推論しか妥当にならない論理を一般に関連性論理（relevant logic）と呼ぶ。すなわち，**FDE** は関連性論理の一種である。

3｜一般の多値論理

　FDE, **LP**, **K3**は，古典論理の枠組みのうちの一部，すなわち整合性と完全性という2つの前提条件を落とすだけという仕方での「非古典化」である。その結果，古典論理との共通点も差異も見えやすくはなっているが，例えば，もっと真理値の数を増やしたり，演算子の定義も古典論理とかなりかけ離れたものにしたりと，もっとワイルドに非古典化した論理を作りたいという人もいるだろう。実例をここで見る余裕はないが，そのような多値論理一般の枠組みについての定義のみ与えておこう（前章で提示した，直観主義論理は有限多値論理ではないことの証明は，以下の定義に基づいている）。

定義5（多値論理）　次の条件を満たす構造 $\langle V, D, \{f_c \mid c \in C\}\rangle$ を，**（有限）多値論理のモデル**と呼ぶ（ただし C は当該論理の演算子の集合）。

- V：真理値の（有限）集合
- D：指定値の集合
- f_c：演算子 c の表す関数（部分式の真理値から全体の真理値を計算する関数）

前提の集合 X から結論 A への推論に対する**反例**とは，

$$\text{すべての } B \in X \text{ について } v(B) \in D, \text{ かつ } v(A) \notin D$$

を満たす付値 v のことである。反例が存在しない推論を**妥当な推論**と呼ぶ。ある論理が**（有限）多値論理**であると言われるのは，それが何らかの有限多値論理のモデルによって特徴づけられる（妥当性の必要十分条件を与えられる）ときである。

　ここでの指定値とは，妥当な推論の前提から結論へと保存されるべき値のことであり，古典論理などにおける"真"の一般化である。

例2　以上の定義をここでの4つの論理に当てはめると次のようになる。

- **FDE**：$V = \{t, f, b, n\}$，$D = \{t, b\}$
- **LP**：$V = \{t, f, b\}$，$D = \{t, b\}$
- **K3**：$V = \{t, f, n\}$，$D = \{t\}$
- **CL**：$V = \{t, f\}$，$D = \{t\}$

Case Study │ ケーススタディ11

含意とカリーのパラドクス

　本章で見た K3, LP, FDE では，含意は独立した演算子としては扱わず，実質含意 $A \to B = \neg A \vee B$ として考える場合が多い。しかしそうすると，実質含意のパラドクスが成り立ってしまうし，さらに LP ではモドゥス・ポネンス（MP）$A \to B, A \models B$ が非妥当になる。あまりありがたい含意のようには見えない。

　そこで，含意を独立した演算子として次の真理値表で定義する。

$\to$	t	b	f
t	t	f	f
b	t	b	f
f	t	t	t

　LP にこの含意を付け加えた論理を RM_3 と呼ぶ。RM_3 には実質含意のパラドクスは生じず，MP は妥当になる。よい含意のように見えるが，パラドクスのもたらすトリビアル性を回避するという LP の目的からすると，じつはそれほどありがたくない側面もある。

　うそつきパラドクスは「この文は偽である」と述べる自己言及文だったが，同じような自己言及を使った「この文が真ならば A」という文を考えてみよう。A は任意の命題でよい。この含意文を C とすると，C が言っているのは「C ならば A」ということなのだから，

$$C = C \to A$$

が言えるということになる。すると，次のような論証が可能になる。

(1)　　　$C \to C$　　　　　　　　（Identity）
(2)　　　$C \to (C \to A)$　　　　（1，$C = C \to A$ による置き換え）

(3)	$C \to A$	(2, Contraction)
(4)	C	(3, $C = C \to A$ による置き換え)
(5)	A	(3, 4, MP)

　Contraction とは $A \to (A \to B) \vDash A \to B$ という推論である。ともあれ，この論証の結論は A，つまり，任意の A が正しいものとして帰結してしまっている。これは爆発則がもたらすのと同じ，トリビアル性にほかならない。これを，論理学者ハスケル・カリーにちなんでカリーのパラドクスと呼ぶ。

　上の議論を整理すると，カリーのパラドクスは，$C = C \to A$ を満たす命題が存在し，そして含意が Identity, Contraction, MP を満たすなら発生する。うそつきパラドクスのときとはちがって，真偽や否定の概念ではなく，含意が中心的な役割を果たしていることに注意しよう。そして，冒頭に挙げた RM_3 の含意はここでの含意の条件を満たしてしまうのである。

　LP は，パラドクスのもたらすトリビアル性を，自己言及を禁止することによってではなく，爆発則を非妥当化することで回避する論理である。しかし，その LP に，よさそうな性質をもつという理由で RM_3 の含意を加えると，爆発則の非妥当性にもかかわらず，カリーのパラドクスによってトリビアル性が復活する。それゆえ，自己言及を禁止しないという方針とともにパラドクスに対処するなら，残念ながら RM_3 の含意は使えないのである。

　では，どうするか。LP の実質含意では MP は非妥当なのでカリーのパラドクスの発生条件は満たされないが，MP なしの含意はかなり不満が残る。では，Contraction を満たさない含意を考えるか，それとも Identity か。やはり自己言及を禁止するか。パラドクスへの対処はこのように，それを引き起こす複合的な原因のどこを修正し，どこを守るか，それらを比較考量することなのである。

Active Learning | アクティブラーニング11

RM_3

RM₃の含意が Identity，Contraction，MP を満たしていることを確かめなさい。

RM_{2n+1}*

RM₃の真理値 $\{t, b, f\}$ を $V_3 = \{1, 0, -1\}$ と書くことにしよう（0は f ではなく b であることに注意）。各演算子の付値の定義は次のように表せる。

$$v(A \wedge B) = \min\{v(A), v(B)\}$$
$$v(A \vee B) = \max\{v(A), v(B)\}$$
$$v(\neg A) = -v(A)$$
$$v(A \to B) = \begin{cases} v(\neg A \vee B) & v(A) \leq v(B) \ \text{のとき} \\ v(\neg A \wedge B) & v(A) > v(B) \ \text{のとき} \end{cases}$$

min，max は 2 つの要素のうちの最小元，最大元をとる操作，－は整数のマイナス操作である。指定値の集合は $D_3 = \{1, 0\}$ とする。

ここで，各演算子の定義は上のまま変えずに，真理値の集合を $V_5 = \{2, 1, 0, -1, -2\}$ と変更しよう。指定値の集合は $D_5 = \{2, 1, 0\} = \{i \mid 0 \leq i \leq 2\}$ とする。このように定義される論理を RM_5 とする。このとき，$RM_5 \subsetneq RM_3$ であることを示しなさい。ヒント：直観主義論理が有限多値論理ではないことの証明で使った手法をここでも使う。

Q.3

RM*

　上と同様に定義される $RM_7, RM_9, \cdots, RM_{2n+1}, \cdots$ を考える。さらに，各演算子
の定義はやはりそのままに，

$$V = \mathbb{Z} = \{\cdots, -2, -1, 0, 1, 2, \cdots\}, D = \{i \mid 0 \leq i\}$$

として定義される無限多値論理を RM と呼ぶ。次を示しなさい。

$$A \vDash_{RM} B \Longleftrightarrow \text{すべての } n \geq 1 \text{ について } A \vDash_{RM_{2n+1}} B$$

（RM_{2n+1} および RM を定義づける構造を一般に Sugihara Matrix と呼ぶ。）

第12章

関連性論理(1)
3項関係

　本章からは，これまでいくつかの箇所で触れてきた"関連性"という考え方を本格的に展開する。古典論理をはじめとする多くの論理では，**関連性の誤謬**（fallacy of relevance）と呼びうる推論が（"誤謬"であるはずにもかかわらず）妥当とされる。すなわち，前提と結論のあいだに内容上の関連性がない場合であっても妥当になる推論，あるいは，それに従えば，前件と後件のあいだに関連性がないような含意が真になってしまう，そういった推論である。

　推論の前提と結論，あるいは含意の前件と後件のあいだの関連性を重視し，関連性の誤謬を非妥当なものとして退けるような論理を，一般に**関連性論理**（relevant logic）と呼ぶ。前章で見た4値論理 **FDE** も関連性論理の一種だが，以下では，多値論理の枠組ではなく，可能世界意味論の枠組に基づいて，関連性論理の概要を紹介する。焦点が当たるのは含意と否定であり，それぞれを定義する**3項関係**および**スター関数**と呼ばれる関数である。ここからの2つの章では含意の3項関係意味論を中心に扱い，最終章で否定を扱う。

KEYWORDS #関連性の誤謬 #関連性論理 #3項関係

1｜関連性の誤謬

　以下はいずれも，古典論理において妥当な推論である。

(1) $$B \vDash A \rightarrow B$$
(2) $$\neg A \vDash A \rightarrow B$$
(3) $$A \vDash B \rightarrow B$$
(4) $$A \wedge \neg A \vDash B$$
(5) $$A \vDash B \vee \neg B$$

　もはやおなじみになったものもあるだろう。(1)，(2)は実質含意のパラドクスである。これに対しては，C. I. ルイスの厳密含意が解決になるように思えたが，結局はそれとほとんど同じ形をした，厳密含意のパラドクスに直面することになった。第8章で見たように，必然的な含意というアイディアはそれ自体としては筋が通っていたとしても，パラドクスの解決という点では芯を食ってはいなかったのである。

　実質（あるいは厳密）含意のパラドクスが問題であるのは，例えば(1)の前提Bが真であれば，任意のAとともに，$A \rightarrow B$が真になってしまうところにある。Aは任意でよいので，Bとは何も内容上の関連性をもっていなくともよい。(2)の場合も同様である。$\neg A$が真なら，それとはまったく関連性のないBをもってきても，$A \rightarrow B$は真になる。日常的な感覚からすれば，「もしAならばB（if A then B）」が真であるためには，前件Aと後件Bのあいだには何らかの関連性があってしかるべきだろう。

　同様の問題が(3)，(4)，(5)にも見いだせる。(3)は本書では初出の推論だが，古典論理では$B \rightarrow B$が偽となることはありえず，それゆえにどのような前提Aをもってきても反例モデルは構成できないため，妥当となる推論である。この場合に問題となるのは，含意の前件と後件のあいだの関連性ではなく，推論の前提と結論のあいだの関連性である。ここでの前提Aは，結論$B \rightarrow B$と内容上の関連性をもっていなくともよい。しかし，推論というのは，前提の内容を吟味した上で，そこから結論を引き出すという行為のはずではないだろうか。

前章では，まさにこのような批判を爆発則(4)と排中律(5)に向けたのだった。

　以上のような，関連性の観点から問題含みと見なされる推論を，一般に**関連性の誤謬**と呼ぶ。前提と結論のあいだに内容上の関連性がない場合であっても妥当になる推論，あるいは，それに従えば，前件と後件のあいだに関連性がないような含意が真になってしまう推論である。古典論理などに多く含まれている関連性の誤謬を退け，推論の前提と結論のあいだ，あるいは含意の前件と後件のあいだの関連性を担保するような仕方でデザインされた一群の論理を**関連性論理**と呼ぶ。

　私たちは前章ですでに，ひとつの関連性論理に出会っている。FDE である。そこで説明したように，関連性の概念は“妥当な前提と結論は必ず何らかの命題変項を共有している”という性質に具体化される。これから見るのもこの意味での関連性論理である。

　さて，上に並べた関連性の誤謬のリストを見ると，そこで中心的な役割を果たして（しまって）いるのは，含意と否定であると言えるだろう。それゆえ，満足のいく関連性論理を構築するには，含意と否定の両方について，古典論理とは異なる独自の見方を提示する必要がある。その点からすると，FDE は少し物足りない印象がある。FDE は，爆発則や排中律に代表される否定に関係する関連性の誤謬には力を発揮するが，含意については非力だからである。FDE においては通常，含意を用いるときには $A \to B := \neg A \lor B$ と実質含意として定義する。すぐに確かめられるように，この FDE の実質含意に対してもパラドクスは生じるのである。

　これから見るのは，厳密含意の考え方を引き継ぎつつ，含意の問題を解決しようとする関連性論理 R^+ である。FDE が多値論理であるのに対し，R^+ のモデルは可能世界意味論の枠組みで定義されるのがスタンダードである。多値論理での定義はいったんご破算になるので，否定のかかわる関連性の問題を R^+ の路線で扱おうとすると，FDE とはまた異なる装置が必要になるが，それについては後回しとし，ここからの２つの章では，否定を含まない部分に集中する。R^+ の右肩に ＋ が付いているのはそのためである。

2│3項関係

　関連性論理 $\mathbf{R}^+$ のモデルでは，含意を定義するために3項の到達可能性関係
R を用いる。その考え方をざっくり説明しよう。

　厳密含意が実質含意のパラドクスをひとまずは回避できるのは，含意とその
前件・後件の真理値が，別々の世界で評価されるからである。

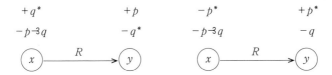

　上図はそれぞれ，$q \not\models p\text{-}3q$，$\lnot p \not\models p\text{-}3q$ を示す反例モデルである。x におい
て結論 $p\text{-}3q$ が偽となるためには，xRy なるどこかの y において p が真，q が
偽となればよい。ポイントは，その y は必ずしも x 自身でなくともよいという
ことである。図中の*が付いている部分に注目してほしい。それらが x と y と
いう別の世界に分かれているからこそ，反例モデルが構成できるのである。

　ただ残念ながら，この発想は関連性の誤謬(3)には通用しない。たとえ厳密含
意に切り替えたとしても，

$$A \models B\text{-}3B$$

は妥当になる。次の図がそれを示している。

+p　　　　　　　+q

-q-3q ?　　　　　-q　??

(x) ——R——→ (y)

　$p \not\models q\text{-}3q$ とするには，q が真でかつ偽であるような世界が必要になる。多
値論理を採らないかぎり，ひとつの世界でそれを実現するのは無理である。

　しかし，厳密含意のアイディアが教えてくれるのは，ひとつの世界で実現で
きないなら，世界を分ければよいということである。つまり，前件と後件の真
理値を別々の世界で評価するようにすればよい。こういうことである。

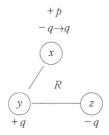

$$+p$$
$$-q{\to}q$$

含意は3つの世界に渡って評価されることになる。xにおける含意$A{\to}B$は，それと関係づけられた何らかのy, zにおいて，$v(y, A) = 1$ かつ $v(z, B) = 0$ が成り立てば偽，と考える。これは含意が偽になる条件だから，真となる条件は次のようになる。

$v(x, A{\to}B) = 1 \Longleftrightarrow$

$Rxyz$ なるすべての y, z について，$v(y, A) = 1$ ならば $v(z, B) = 1$

$$+A{\to}B$$

$$+A \Longrightarrow +B$$

　3項関係を使えば，上の図のように妥当式 $A{\to}A$ が偽になるような世界が構成できる。通常の様相論理では，妥当式はすべての可能世界で真な，必然的真理である。しかし，関連性論理のモデルには，そのような必然的真理が偽になるような世界が現れる。それは定義上，もはや可能世界ではなく（可能世界というのは必然的真理がちゃんと真になる世界なので），**不可能世界**（impossible world）である。

　詳しく見るのはしばらく後になるが，否定に関係するところでは同様に，モデルのなかに，矛盾が真になったり排中律が偽になるような世界が構成される。古典論理で爆発則や排中律が妥当になる理由を踏まえれば，その必要性は明らかなはずである。いずれにせよ，必然的真理が偽になったり，必然的虚偽（不可能性）が真になったりする不可能世界の存在こそが，関連性論理のモデ

ルの最重要の特徴である（第8章のケーススタディも参照）。この意味で，関連性論理のモデルは「可能世界意味論」というより，可能・不可能両方を含めた「世界意味論」とでも呼ぶべきなのだが，本書では他の論理との共通性も意識して，少しルーズに「可能世界意味論」という呼び名を使う。

　とはいえ，必然的真理が成り立たない不可能世界とはいったいどういう世界なのか，そしてそもそも，そのような状況を可能にする3項関係はいったい何を意味するのか。それらが哲学的にきちんと動機づけられるかどうかは大きな問題である。それについては厳密な定義を行ったあと，次章で考えることにしよう。以下，本章ではしばらく数学的な話が続くのでしんどいかもしれないが，何とかくぐり抜けて次章にたどり着いてほしい。

3｜正の関連性論理R⁺

　先に述べたように，関連性論理の否定については章を改めて取り扱う。以下では「否定を含まない」という意味での正の関連性論理 R⁺ の定義を提示する。

3.1　言語とフレーム

定義1（言語）　正の関連性論理 R⁺ の言語は次の語彙からなる。

- 命題変項：$p, q, r, \cdots$
- 演算子：∧（外延的連言），∨（外延的選言），○（内包的連言），→（関連含意）
- 補助記号（カッコ）：(,)

　内包的連言は「**融合積（fusion）**」とも呼ばれる。論理式はいつものように帰納的に定義される。

　演算子は外延的演算子（∧，∨）と内包的演算子（○，→）の2種類に分けて考えるとよい。前者は他の世界を参照せずに真理値が決まる演算子，後者は他の世界を参照する演算子である。とくに連言が2種類に分かれていることに注意する。それらのちがいについては後述する。

定義2（**R⁺ フレーム**）　W を空でない集合，R を W 上の3項関係，そして $0 \in W$ とする。W 上の2項関係 $\leq$ を任意の $x, y \in W$ に対して，

$$x \leq y \Longleftrightarrow R0xy$$

と定義する。このとき，以下の条件を満たす構造 $\langle W, R, 0 \rangle$ を **R⁺ フレーム**と呼ぶ。

- （反射性）$x \leq x$（つまり $R0xx$）
- （単調性）$Rxyz$ かつ $x' \leq x$ ならば $Rx'yz$
- （可換性）$Rxyz$ ならば $Ryxz$
- （結合性）$Rxyu$ かつ $Ruwz$ なる $u \in W$ が存在するなら，
  　　　　　ある $v \in W$ に対して $Rxvz$ かつ $Rywv$ が成り立つ
- （冪等性）$Rxxx$

　これらの意味するところはこれから徐々に明らかになってくるはずだが，かんたんに説明しておこう。W が（可能・不可能）世界の集合，R がすでに紹介した3項関係である。フレームのもうひとつの構成要素として，W 中にひとつ特別な世界0が指定される。0は，不可能世界とはちがって，$A \to A$ をはじめとする妥当式が真となる“論理的な世界”である。

　0と R を使って定義される2項関係 $\leq$ は，直観主義論理の場合と同様の前順序であり，後で定義するように，それに沿って真理値1が遺伝する。前順序の条件のうち，反射性はフレームの条件として明示的に仮定されている。推移性はここでは他の条件から帰結する（練習問題とする）。

問題1　R⁺ フレームにおける $\leq$ は，推移性（$x \leq y$ かつ $y \leq z$ ならば $x \leq z$）を満たすことを示しなさい。

　可換性・結合性・冪等性は，どちらかと言えばオプショナルな条件であり，これらを仮定しない関連性論理も考えられる（R⁺ は様相論理で言えば S5 のよう

なかなりリッチな論理である）。結合性などはかなり複雑だが，次のように図に
描いて考えることをおすすめする。

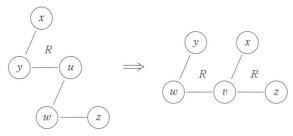

フレーム中のある部分に左図のような構造が成り立っていれば（そのような u
が存在すれば），それを右図のように変形できると考えればよい。

・・・

3.2　モデル

　フレーム上に付値が定義されることでモデルになるのはこれまでと同じであ
る。上述したように，付値は $\leq$ にかんして遺伝性を満たすものと仮定される。

定義3（R⁺ モデル）　R⁺ フレーム $\langle W, R, 0 \rangle$ 上の付値 v が遺伝性

$$v(x, p) = 1 \text{ かつ } x \leq y \text{ ならば，} v(y, p) = 1$$

を満たすとき，$\langle W, R, 0, v \rangle$ を **R⁺ モデル**と呼ぶ。

定義4（複合式の付値）　R⁺ モデル $\langle W, R, 0, v \rangle$ が与えられたとき，付値 v は
次のようにすべての論理式の上へと拡張される。

$v(x, A \wedge B) = 1 \Longleftrightarrow v(x, A) = 1 \text{ かつ } v(x, B) = 1$

$v(x, A \vee B) = 1 \Longleftrightarrow v(x, A) = 1 \text{ または } v(x, B) = 1$

$v(x, A \circ B) = 1 \Longleftrightarrow Ryzx \text{ なる } y, z \text{ が存在して } v(y, A) = 1 \text{ かつ } v(z, B) = 1$

$v(x, A \rightarrow B) = 1$

$\quad \Longleftrightarrow Rxyz \text{ なるすべての } y, z \text{ について，} v(y, A) = 1 \text{ ならば } v(z, B) = 1$

外延的連言と選言は，これまでどおりの連言と選言である。含意については
すでに説明した。内包的連言 $A \circ B$ は，それぞれ別の情報ソース（3項関係
$Ryzx$ を通じて x から到達可能な世界 y, z）から得られた A と B という情報を，x
において総合しているというイメージで理解してもらえればよい。

遺伝性が任意の論理式に拡張可能であるのも，直観主義論理と同じである。

命題 1　任意の $\mathbf{R}^+$ モデル $\langle W, R, 0, v \rangle$ における任意の $x, y \in W$ と任意の論理式
A について，
$$v(x, A) = 1 \text{ かつ } x \leq y \text{ ならば，} v(y, A) = 1$$

証明　論理式の構成にかんする帰納法によって証明できる。ここでは，含意
$A \to B$ の場合だけを見る。

$v(x, A \to B) = 1$ かつ $x \leq y$ とする。$v(y, A \to B) = 0$ として矛盾を導く。この
とき，$Rywz$ なる w, z が存在して，$v(w, A) = 1$, $v(z, B) = 0$ である。しかし，
$Rywz$, $x \leq y$ およびフレームの単調性条件から $Rxwz$ である。すると，$v(w, A) = 1$,
$v(z, B) = 0$ から $v(x, A \to B) = 0$ となり矛盾する。　　　　□

問題 2　上の証明の $\wedge$, $\vee$, $\circ$ の場合を示し，証明を完成させなさい。

・・・
3.3　妥当性

定義 5（妥当性）　$X \cup \{A\}$ を関連性論理の論理式の集合とする。ある $\mathbf{R}^+$ モデ
ル $M = \langle W, R, 0, v \rangle$ のある $x \in W$ において，
$$\text{すべての } B \in X \text{ について } v(x, B) = 1, \text{ かつ } v(x, A) = 0$$
が成り立つとき，M を X から A への推論に対する**反例モデル**と呼ぶ。反例モデ
ルが存在しない推論を $\mathbf{R}^+$ において**妥当である**と言い，$X \vDash_{\mathbf{R}^+} A$ と書く（文脈か
ら明らかなときはたんに $\vDash$ で表す）。このようにして定義される妥当な推論の集
合を論理 $\mathbf{R}^+$ と呼ぶ。フレームにおける妥当性はこれまでと同様に定義する。

例1

$$B{\to}C \models (A{\to}B){\to}(A{\to}C)$$

証明　反例モデルが存在すると仮定する。すなわち，

$$v(x, B{\to}C) = 1, \quad v(x, (A{\to}B){\to}(A{\to}C)) = 0$$

となるようなモデル $\langle W, R, 0, v \rangle$，および $x \in W$ が存在するとする。このとき $v(x, (A{\to}B){\to}(A{\to}C)) = 0$ より，

$$Rxyz, \quad v(y, A{\to}B) = 1, \quad v(z, A{\to}C) = 0$$

となる y, z が存在する。さらに $v(z, A{\to}C) = 0$ より，

$$Rzwu, \quad v(w, A) = 1, \quad v(u, C) = 0$$

となる w, u が存在する（左図）。結合性により，$Rywv, Rxvz$ を満たす v が存在する（右図）。

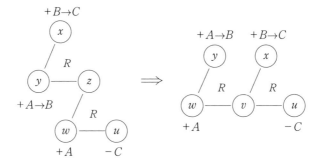

　すると，$v(y, A{\to}B) = 1$，$v(w, A) = 1$ より $v(v, B) = 1$ となり，$v(x, B{\to}C) = 1$ と合わせて $v(u, C) = 1$ となるが，これは $v(u, C) = 0$ と矛盾する。　　　　□

問題3　R^+では以下が成り立つことを示しなさい。

(1) $\qquad\qquad\qquad (A{\rightarrow}B)\wedge(A{\rightarrow}C) \vDash A{\rightarrow}(B\wedge C)$

(2) $\qquad\qquad\qquad A{\rightarrow}B \vDash (B{\rightarrow}C){\rightarrow}(A{\rightarrow}C)$

(3) $\qquad\qquad\qquad (A{\rightarrow}B)\wedge A \vDash B$

(4) $\qquad\qquad\qquad A\circ(B\vee C) \vDash (A\circ B)\vee(A\circ C)$

例2　R^+では以下が成り立つ。

(1) $\qquad\qquad\qquad\qquad B \nvDash A{\rightarrow}B$

(2) $\qquad\qquad\qquad\qquad A \nvDash B{\rightarrow}B$

証明　(2)のみ示す。反例モデルを構成するわけだが，関連性論理，とくにR^+のように多くの条件をもつモデルを具体的に構成するのは難しい（というよりはめんどうくさい）。手順を追って説明する。

　本章前半で見たように，$B{\rightarrow}B$を偽とするには3項関係Rで第2項と第3項が異なるものが必要である。それゆえ，これから構成する反例モデルは少なくとも2つの異なる世界を含む必要がある。R^+フレームは特別な世界0を必ず含むのでそれでひとつ，それに0とは異なる世界xを加えて，$W = \{0, x\}$としよう（3つに増やすと手に負えないほど複雑になる）。0とxの2つの世界を認めると，反射性，可換性，冪等性，結合性を満たすために，R関係が次のように成り立つと設定する必要がある。

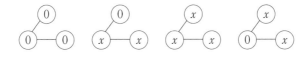

　$R = \{\langle 0,0,0\rangle,\ \langle 0,x,x\rangle,\ \langle x,x,x\rangle,\ \langle x,0,x\rangle\}$ということである。ここで，右端の$Rx0x$に注目すると，3項関係の第2項と第3項が異なっているので，反例の構成に使えそうである。付値を$v(0,p) = v(0,q) = v(x,q) = 1,\ v(x,p) = 0$と定めよう。すると，$v(x, p{\rightarrow}p) = 0$である。$v(x,q) = 1$と合わせて，このモデルは$q \nvDash p{\rightarrow}p$を示す反例モデルとなっている。　　　　　□

問題4　上の(1)を示す反例モデルを構成しなさい（ヒント：(1)は厳密含意の場合にすでに非妥当であった）。

　このように，R^+ は当初の目標であった2つの推論の非妥当化に成功している。それは，前提と結論（あるいは含意の前件と後件）のあいだの関連性を保証するためだった。R^+ にかんしても **FDE** と同様の関連性が成り立つ。

定理1　R^+ は関連性論理である。すなわち，R^+ において $A \vDash B$ が成り立つとき，A と B は必ず何らかの命題変項を共有している。

　この定理の証明は，ここでの枠組みでは難しいので省略する。元々は，8値の多値モデルを使ったかなりテクニカルな証明が与えられていたが，証明論におけるシークエント計算というフォーマットを使えば，もう少し直観的な証明が可能である。次章では，後者の証明を念頭におきながら，なぜ R^+ において関連性が成り立つかを説明する。

Case Study │ ケーススタディ12

論理的多元論

　第8章で，"正しい"論理を求めるのははたして実現可能なゴールだろうかと述べたが，もちろんいろんな考え方がありうる。The True Logic と言うべき究極の正しい論理はあるのだという考え方（**論理的一元論** logical monism）もあれば，そもそもそのような正しい論理など存在しない（**論理的虚無主義** logical nihilism）と主張する人もいる。そして，1個でも0個でもない，つまり，正しい論理は2個以上，複数あるという考え方もある。**論理的多元論**（logical pluralism）である。

　近年さかんに論じられている J. C. ビオールと G. レストールの論理的多元論は，次のような組み立てである（用語・表記は適宜変更している）。論理，すなわち推論の妥当性の基準は一般に，次の形の同値命題によって定義される。

> （GTT）A から B への推論が妥当であるのは，前提 A が真になる場合
> x においてつねに結論 B も真になるとき，そしてそのときにかぎる

　GTT は，現代的な論理的帰結関係の定義の発案者であるタルスキの名前をとって，Generalized Tarski's Thesis である。GTT の形自体は読者にはおなじみのもののはずで，本書では基本的に，反例（前提が真で結論が偽になる場合）が存在しないという形で定義してきたが，それと同じことである。

　ただし，これもすでにお気づきのことと思うが，GTT はいわば定義の"型"であって，それだけでは論理は決まらない。すなわち，ここで言う「場合」とは正確に言って何なのか，x に入るものが何なのかを決めてはじめて，具体的な論理が定義される。例えば，x に入るのが2値的な付値なら，GTT によって定義される論理は古典論理になるだろうし，不完全ないし不整合な付値なら K3，LP や FDE になるだろう。あるいは，x に入るのが，理想的な数学者の認識状態なら直観主義論理が，不可能世界を含む世界一般ならある種の関連性論

理が得られるだろう。

　このように，ひとつの論理は，GTT に現れる「場合」の概念を特定することによって決まる。そこでビオールとレストールの主張は，それらのうちで"正しい"特定の仕方をひとつに決めることはできない，（ある一定の重要な性質を満たすといういみで）許容可能な特定の仕方は複数ある，というものだ。つまるところ，正しい論理は複数ある，論理は多元的だというわけである。

　このような論立てが維持可能なものかどうかは大いに議論の余地があるところで，じっさい多くの批判がなされ，そしてもちろん多元論陣営からも応答がなされ，と盛んに論争は繰り広げられている。ただ，ここで論理的多元論を取り上げたのは，それが，さまざまな論理が並立する現代の状況に対する自然な見方を，ある一定の仕方で体現しているからである。

　論理的多元論が提示したのは"論理＝GTT＋場合の特定"という図式である。つまり，さまざまな論理を，それらが共有する共通基盤（GTT）と，それらの相違を生み出すパラメータ（場合の特定）の組み合わせとして分類するという考え方である。そうした組み合わせのうちどれが正しいか，正しいものはいくつあるのかについて，どういう立場をとるにしても，まずはこうした図式によって共通点と相違を整理することが出発点になる，とは言えるだろう。

　このような分類は他にも多くある。到達可能性と推論の対応関係による様相論理の分類や，（次章で見る）部分構造論理の構造規則による分類もそれに当たる。もし既存の分類図式に当てはまらない異質な論理が出てくれば，論理学者はそれをもうまく収容できる新しい図式を考案しようとするだろう。ひとつの正しい論理ではなく，多様な論理を統一的に把握できるような啓発的な視点こそを求める，というのが，現代の論理学で見られる傾向だとするなら，論理的多元論はそこにうまくフィットしているとは言えそうなのである。

Active Learning | アクティブラーニング12

論理的な世界

R$^+$ フレーム中の 0 は，妥当な推論を含意で表現したものがすべて真となるという意味で"論理的な世界"である。次を示しなさい。

$$A \vDash B \Longleftrightarrow すべての R^+ モデルにおいて， v(0, A \rightarrow B) = 1$$

このことから，とくに，$A \rightarrow A$ は 0 においてはつねに真であることがわかる。

論理的真理

古典論理や直観主義論理では，

$$A \vDash B \Longleftrightarrow {} \vDash A \rightarrow B$$

が成り立つが，R$^+$ では成り立たない。$\vDash A \rightarrow B$ は，$A \rightarrow B$ がつねに真ということを意味するが，R$^+$ では $A \vDash A$ だが，$A \rightarrow A$ が偽になる世界が構成できるからである。そこで，特別な論理式として命題定項 t を導入し，R$^+$ モデルにおける付値の条件を，

$$v(x, t) = 1 \Longleftrightarrow 0 \leq x$$

により定める。このとき，次が成り立つことを示しなさい。

$$A \vDash B \Longleftrightarrow t \vDash A \rightarrow B$$

R$^+$ において $A \vDash B$ であるとき，$A \rightarrow B$ は（古典・直観主義論理とはちがって）無条件に真とは言えないが，t が成り立つ世界，すなわち論理的な世界では真だということである。

内包的連言と含意

　どちらも3項関係 R を使って定義されていることから予想されるように，内包的連言と関連含意のあいだには密接な関係がある。次を示しなさい。

(1) 　　　　　　$A \models B \to C \Longleftrightarrow A \circ B \models C \Longleftrightarrow B \models A \to C$

(2) 　　　　　　$A \circ B \not\models A$　$A \circ B \not\models B$

(3) 　　　　　　$A, B \models C$ であっても $A \models B \to C$ とはかぎらない

第13章

関連性論理(2)
構造規則・状況推論

本章では，前章でのモデルの定義を踏まえて，関連性論理 R^+ についてより詳しい説明を与える。章の前半では，前章最後で（証明なしに）述べた R^+ の関連性がなぜ成り立つのかを，**構造規則**という観点から考察する。構造規則とは典型的には，推論の前提構造に対する操作を規定する規則であり，関連性論理は，構造規則のうちでもとくに，弱化と呼ばれる規則を制限する論理である，と言うことができる。この観点は，R^+ が関連性論理たる所以を説明すると同時に，それをより大きな**部分構造論理**という文脈に位置づけてくれる。

章の後半では，3項関係 R の哲学的解釈について，**状況推論**という考え方を紹介する。それによれば，3項関係 R は，いくつかのソースから得られた情報を総合し，未来の出来事や遠く離れた土地のことを推論するという，私たちが日常的に行っている知的活動の構造を数学的に表現したものにほかならない。前章の定義でとっつきにくさを感じた人にとっても，3項関係の理解への導きの糸になればと思う。

KEYWORDS #構造規則 #部分構造論理 #状況推論

1│部分構造論理と関連性

・

1.1　弱化

　ここまでは，３項関係を導入すれば，ともかくも２つの関連性の誤謬が回避でき，そして帰結関係も関連性の規準を満たす論理ができたという話の流れであった。ここからは，関連性の誤謬がどうやって生じるのか，そして関連性論理 R^+ はどのようにしてそれを防いでいるのか，これまでとは少しちがう視点から見てみよう。

　本書ではさまざまな論理における推論の妥当性を定義してきたが，その定義のパターンは同じ（前章ケーススタディの GTT を参照）である。そのパターンからして，どの論理においても，推論の妥当性は一般に次の弱化規則（Weakening rule）を満たす。

（弱化）　　　　　　　　　　　$X \vDash B$ ならば $X, A \vDash B$

　$X, A \vDash B$ に対する反例モデル（X および A を真に，B を偽にする世界・モデル）は，明らかに $X \vDash B$ に対する反例モデル（X を真に，B を偽にする世界・モデル）である。

　ただしこの規則は，関連性という観点からは好ましくない。なぜなら，弱化は $X \vDash B$ という帰結関係に，勝手な A を，たとえ X や B と内容上の関連性がない場合でも引き込んでもよいという規則だからである。じっさい，弱化は次の

（→）　　　　　　　　　　$X, A \vDash B \Longleftrightarrow X \vDash A {\to} B$

と組み合わさると次のような手順で関連性の誤謬を導く（この（→）は古典論理や直観主義論理の含意については成り立つ）。

　　　　　　　　　1．$B \vDash B$
　　　　　　　　　2．$B, A \vDash B$　　　　　　　　　　　（弱化）
　　　　　　　　　3．$B \vDash A {\to} B$　　　　　　　　　　　（→）

1. $A \models A$
2. $B, A \models A$　　　　　　　　　　　　　　（弱化）
3. $B \models A{\rightarrow}A$　　　　　　　　　　　　　（→）

　というわけで，関連性論理では，弱化を満たすような帰結関係を真正の帰結関係と認めるわけにはいかない。じっさい，X から B への推論が妥当であるとは，X という前提を使って B を導き出しうるという意味であるはずなのに，弱化によって得られる $X, A \models B$ においては，（すでに $X \models B$ なのだから）B は A を使って導き出されるとは言えないからである。

　ただし，数学的には，関連性論理である R^{+} のモデル上でも，弱化を満たす帰結関係は定義できてしまう（前章で与えた妥当性の定義がまさにそうである）。弱化を認めないという関連性論理の考えが現れるのは，（→）の却下においてである。すでに練習問題で見たように，（→）は R^{+} では成り立たない。

　（→）が言っているのは，X と A から B が導かれるとき，前提の一部，すなわち A だけを切り出して，それと B とのつながりを「（X という前提のもとでの）A ならば B」という命題として表すことができる，ということである。しかし，もし A が弱化によって導入されたものであり，B の導出において何の役割も果たしていないのなら，その A と B のつながりとは何だろうか。それを「ならば」で表現しても，そこに実質はないだろう。

　とはいえ，（→）は含意の機能的定義（それが果たすべき機能の観点からの定義）と言ってもよい重要な性質である。（→）を満たさないような含意は含意とは呼べない，ということである。では関連含意は含意ではないのかと言うと，そうではない。これもすでに練習問題で見たように，R^{+} では，

（○→）　　　　　　　$A \circ B \models C \Longleftrightarrow A \models B{\rightarrow}C$

が成り立つ。関連性論理では，複数の前提 A と B から結論 C への（真正の意味での）推論は，弱化を満たす $A, B \models C$ ではなく，内包的連言を用いて $A \circ B \models C$ によって表されるものと考える。そして，関連含意の含意たる所以は内包的連言との関係のもとで表現されるのである。もちろんここで $B{\rightarrow}C$ によって表される B と C のあいだのつながりは，真正のものでなければなら

ない。つまり，B は弱化によって導入されたものであってはならない。じっさい，○にかんしては，

（○弱化）　　　　　　　　　$A \vDash C$ ならば $A \circ B \vDash C$

は成り立たない。

問題1　次を確認しなさい。

$$○弱化が成り立つ \Longleftrightarrow A \circ B \vDash A$$

その上で，$\mathbf{R^+}$ において○弱化が成り立たないことを示しなさい。

1.2　構造規則

$\mathbf{R^+}$ では弱化は正しい規則とは認められないが，弱化と同様の性格をもつ，次のような規則は正しいものとして成り立つ（証明は練習問題とする）。

（可換性）　　　　　$A \circ B \vDash C$ ならば $B \circ A \vDash C$
（結合性）　　　　　$(A \circ B) \circ C \vDash D$ ならば $A \circ (B \circ C) \vDash D$
（縮約）　　　　　　$A \circ A \vDash B$ ならば $A \vDash B$

　弱化とこれらに共通するのは，○を使って定式化されてはいるものの，これらは○にかんするというよりも，それによって表されている推論の前提の構造にかんする規則だという点である。弱化は，推論の前提に余計な前提を付け加えてよいという規則だった。可換性は，2つの前提を使う順番は入れ替えてもかまわないという規則である。結合性は，3つの前提を合わせて使う場合に，「合わせる」順番は問わないという規則，縮約は同じ前提を2回使っても，それは"1つ"の前提を使っていることと見なしてよいという規則である。このような規則は一般に**構造規則**（structural rule）と呼ばれる。

　これらの構造規則のうち，弱化以外はどれもとくに問題なさそうにも見える。しかし例えば次のような推論はどうか。

前提1	ミーティングの日時を知らせるメールを書いた
前提2	同僚あてのメールの送信ボタンを押した
結論	それゆえ，同僚にミーティングの日時が周知されている

　このままであればまず正しい推論と見なせるだろうが，前提1と2の時間的順序を変えれば，同僚に届いているのは空メールで，内容は伝わっていないだろう。つまり，複数の前提のあいだに時間的な前後関係やそれに基づく依存関係があるときには，可換性を一般に仮定することはできない。

　このように，推論のもつ複数の前提がどのように結びついているか，その構造をどのように考えるかに応じて，正しいと認められる構造規則は変化しうる。そこで，こうした構造規則のいくつかを却下したり制限したりする論理，一般に**部分構造論理**（substructural logic）と呼ばれる論理を定式化し，検討するという研究路線が生まれる。代表的なのは，前提が使われる回数に注目し，弱化と縮約を制限する**線形論理**（linear logic）である。

　関連性論理は，弱化を却下する部分構造論理の一種である（弱化以外の規則を認めるかどうかについては関連性論理のなかでもいくつか流派がある）。そして，関連性論理のモデル論の枠組みでは，構造規則についての検討は，3項関係 R との対応理論において見通しよく行うことができる。

・

1.3　対応理論

　様相論理では，反射性や推移性などの到達可能性関係の性質と，様相演算子にかかわる推論との対応関係が成り立つことを見た。関連性論理の3項関係 R についても同様である。3項関係 R を使って定義される含意や内包的連言にかかわる推論と，R の諸性質とのあいだの対応理論を展開することができる。

　ここでは前節との関連で構造規則に注目しよう。前節で見た構造規則はいずれも，

$$A \vDash C \text{ならば} A' \vDash C$$

という形をしている。構造規則は2つの推論のあいだの含意関係だが，その2つの推論に現れる結論（C）は同じで，前提のみが（A から A' へ）変わるとい

う形をしている。それゆえ，こうした形式の構造規則が成り立つことと，

$$A' \models A$$

が成り立つことが同値になる（確かめてみよう）。例えば縮約は $A \models A \circ A$ と同値である。以下では，構造規則と同値になるような推論と，3項関係の性質のあいだの対応関係を見る。

　対応理論を展開するためのベースとなるモデルを以下に定義する。R^+ モデルにある可換性・結合性・冪等性が落ちるために，基本構造が少しだけ複雑になるが，対応理論の証明にはほとんど影響しない。

定義1（B^+ モデル）　空でない世界の集合 W，W 上の3項関係 R，および $0 \in T \subseteq W$ が次の条件を満たすとき，構造 $\langle W, R, 0, T \rangle$ を B^+ フレームと呼ぶ。2項関係 $\leq$ を $x \leq y \Longleftrightarrow Ruxy$ となる $u \in T$ が存在する，と定義する。

- （反射性）　$x \leq x$
- （単調性）　$Rxyz, x' \leq x, y' \leq y, z \leq z' =$ ならば $Rx'y'z'$

　B^+ フレーム上に，これまでと同様に遺伝性を満たす付値 v が与えられとき，$\langle W, R, 0, T, v \rangle$ を B^+ モデルと言う。その他の諸概念は以前と同様に定義される。B^+ モデルにより定義される論理を B^+ と言う。

ここで次の略記を導入する。任意の $x, y, z, w \in W$ について，

$$R^2 xywz \Longleftrightarrow Rxyu \text{ かつ } Ruwz \text{ なる } u \in W \text{ が存在する}$$
$$R^2 x(yw)z \Longleftrightarrow Rywv \text{ かつ } Rxvz \text{ なる } v \in W \text{ が存在する}$$

命題 1　任意の $\mathbf{B}^+$ フレーム F について次が成り立つ。

(1)　　　　　　$A \models^F A \circ A \iff Rxxx$

(2)　　　$A \circ B \models^F A \circ (A \circ B) \iff Rxyz$ ならば $R^2x(xy)z$

(3)　$(A \circ B) \circ C \models^F A \circ (B \circ C) \iff R^2xywz$ ならば $R^2x(yw)z$

(4)　$(A \circ B) \circ C \models^F B \circ (A \circ C) \iff R^2xywz$ ならば $R^2y(xw)z$

(5)　　　$A \circ B \models^F (A \circ B) \circ B \iff Rxyz$ ならば R^2xyyz

(6)　　　　　$A \circ B \models^F B \circ A \iff Rxyz$ ならば $Ryxz$

(7)　　　　　　　$A \circ B \models^F B \iff Rxyz$ ならば $y \leq z$

（右辺の x, y, z はいずれも「すべての $x, y, z \in W$ について」と普遍量化されていると理解されたい。）

証明　(1), (2)の $\implies$ 方向のみ示す。

(1)　フレーム F において $Rxxx$ が成り立たない x が存在するとする。このとき，付値 v を，

$$v(u, p) = 1 \iff x \leq u$$

により定義する。v が遺伝性を満たすことは明らか（一般に，ある x で p を真にしたいのなら $v(u, p) = 1 \iff x \leq u$ と定め，反対に x で p を偽にしたいときは $v(u, p) = 1 \iff u \not\leq x$ と定めれば，遺伝性を満たす付値が定義できる）。

付値 v のもとでは，$v(x, p) = 1$ である。もし $v(x, p \circ p) = 1$ とすると，

$$Ryzx \text{ かつ } v(y, p) = 1 \text{ かつ } v(z, p) = 1 \text{ なる } y, z \text{ が存在する}$$

ことになるが，後二者は $x \leq y$, $x \leq z$ を意味するため，$Ryzx$ と単調性により $Rxxx$ となり，矛盾。したがって，$v(x, p \circ p) = 0$ である。つまり，$p \not\models^F p \circ p$ である。

(2)　フレーム F において，$Rxyz$ だが $R^2x(xy)z$ ではない x, y, z が存在するとする。このとき，$p \circ q \not\models^F p \circ (p \circ q)$ を示す。付値 v を，

$$v(u,p) = 1 \Longleftrightarrow x \leq u \qquad v(u,q) = 1 \Longleftrightarrow y \leq u$$

と定めると，上と同じく遺伝性を使うことで，$v(z, p \circ q) = 1$ だが $v(z, p \circ (p \circ q)) = 0$ であることがわかる。　　　　　　　　　　　　　　　　　　　　　　　　　　□

問題2　命題1の各項目の⟸方向を証明しなさい。

　上のリストのうち，(1)が縮約，(3)が結合性，(6)が可換性，そして(7)のそれぞれ左辺が弱化（と同値）である。他のものも，それらと類似の構造規則であることが見て取れることと思う。これらのうちのどれを認めるか，言い換えると到達可能性にかんしてどのような性質を認めるかに応じて，様相論理の場合と同じく，関連性論理にも **R⁺** だけでなくさまざまな体系が定義される。だがいずれも，上の表における(7)，すなわち弱化を認めないことには変わらない。弱化を認めてしまうと，関連含意は直観主義論理の含意へと"潰れて"しまう。

命題2　縮約(1)および可換性(6)に加えて弱化(7)を満たす **B⁺** フレームでは，関連含意 → は直観主義論理の含意と一致する。すなわち，

$$v(x, A \to B) = 1$$

$\Longleftrightarrow x \leq y$ なるすべての y について，$v(y, A) = 1$ ならば $v(y, B) = 1$

が成り立つ。

証明　（⟹）対偶を示す。$x \leq w$，$v(w, A) = 1$ だが $v(w, B) = 0$ なる w が存在すると仮定する。このとき，$Rwww$（縮約・冪等性）および $x \leq w$ から，遺伝性により $Rxww$ である。これは，$v(x, A \to B) = 0$ を意味する。

　（⟸）対偶を示す。$Rxyz$，$v(y, A) = 1$，$v(z, B) = 0$ となる y, z が存在するとする。弱化より $y \leq z$ であり，$v(y, A) = 1$ と合わせて遺伝性により $v(z, A) = 1$ が言える。ところで，$Rxyz$ から可換性により $Ryxz$ であり，弱化により $x \leq z$ も言える。よって，

$$x \leq z, \quad v(z, A) = 1, \quad v(z, B) = 0$$

であり，これは x において直観主義論理の含意が偽であることを意味する。□

　つまり，関連性論理 R⁺ に弱化を加えると，直観主義論理（の否定を除いた部分）になり，反対に，直観主義論理から弱化を落とすと R⁺ が得られる。直観主義論理は，前章で挙げた関連性の誤謬のうち排中律以外はすべて妥当としてしまう，古典論理と同じくらい"非関連的"な論理である。つまり関連性論理とそうでない論理の重要な境界線は，弱化にあると言える。

問題3　上と同じく縮約(1)および可換性(6)に加えて弱化(7)を満たす B⁺ フレームでは，内包的連言は外延的連言と一致する，すなわち，

$$v(x, A \circ B) = 1 \Longleftrightarrow v(x, A \wedge B) = 1$$

となることを証明しなさい。

　前節で見た（○→）が示すように，内包的連言は含意との相互関係により特徴づけられる演算子である。それに対し外延的連言は一般に，

（⊨∧）　　　　　　　　$X \vDash A \wedge B \Longleftrightarrow X \vDash A$ かつ $X \vDash B$

という同値性によって特徴づけられる。すなわち，同じ前提 X から A と B の両方が導き出されるということを，ひとつの論理式 $A \wedge B$（ないしひとつの推論 $X \vDash A \wedge B$）によって表すという機能を果たす演算子である。

　（○→）も（⊨∧）も，私たちが使う連言「かつ」のもつ機能の一部を捉えていると言えるだろうが，関連性論理（というよりも部分構造論理一般）では，

（∧→）　　　　　　　　$A \wedge B \vDash C \Longleftrightarrow A \vDash B \rightarrow C$
（⊨○）　　　　　　　　$X \vDash A \circ B \Longleftrightarrow X \vDash A$ かつ $X \vDash B$

はどちらも成り立たない。部分構造論理では，2つの異なる演算子が，連言の2つの機能をいわば分担して果たすのである。

　対して，問題3が示しているように，構造規則を仮定する（本質的なのは縮約と弱化である）ことで，役割分担していた2つの演算子は1つに融合してしまう。言い換えれば，直観主義論理（や古典論理）では，連言の2つの機能が十分に分析されることなく，1つの演算子として混同されていたのである。構

造規則を制限することで，演算子の機能をより細かく分析できるというのは，部分構造論理（とくに線形論理）の鮮やかな発見のひとつである。

2｜3項関係と状況推論

　関連性論理のモデル論の主要な道具立てはもちろん，含意と内包的連言を定義する3項関係 R（および次章で見るスター関数）である。この関係をどのように解釈すればよいのかは長年の課題であり，そもそもたんなる数学的な道具であってそれ以上の意味などないのではないか，と言われることもある。以下では，**状況推論**という考え方を使った3項関係のありうる解釈をひとつ紹介する。

2.1　状況推論

3項関係による含意の定義を表す図を再掲する。

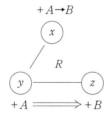

　x, y, z が R によって関係づけられているとき，$A{\to}B$ が x で成り立ち，A が y で成り立つなら，z で B が成り立つ。関連性の誤謬を回避するにあたって重要だったのは，x, y, z が別々の世界であってもよいということであった。$A{\to}B$ と A から B を導く推論（モドゥス・ポネンス）を，別々の場所を結びつけながら行うという描像である。

　このような推論の例として次のようなものが挙げられるだろう。

　　天文学者が，ベテルギウスの明るさがこれまでにないほど低下していることを感知する。天文学者は，その他の情報や科学法則を用いて，ベテルギウスの超新星爆発が近づいていると推論する。

　結局しばらくは爆発は起こらなさそうで，この推論自体の正しさは何とも言

えないが，それはさておき，この推論には，次のような3つの"場所"ないしそれについての情報が含まれている。

x：天文学の法則を含む科学的知識

y：現在のベテルギウスについての情報

z：近い将来のベテルギウスについての情報

　　－「現在」「近い将来」と言っても，ベテルギウスは地球から何百光年も離れているので，「何百年も前のベテルギウス」と「そのしばらく後のベテルギウス」と言うのが正確ではある

　天文学者は，xとyからそれぞれ適当な情報を取り出して，それらを総合して，それとはまた別のzで起こる出来事について推論する。複数の情報ソースを総合して，未来の出来事や遠く離れた土地の状況を推測するという，私たちがふだんやっている知的活動と言えるだろう。3項関係Rは，このような推論において想定されている"場所"のあいだの結びつきを表す。

　ここでの"場所"x, y, zは，様相論理における可能世界とはかなり性格が異なる。y, zは，この世界とは異なる可能世界ではなく，この現実世界における時空間の一部分である。一方，xはこの世界の時空的部分というより，人間の知識や情報の集まりと言ったほうがよいだろう。これらを区別してもよいのだが，すっきりさせるために，y, zのような時空間の一部というのも要は情報の集まりだと考えてしまおう。つまり，現在や近未来のベテルギウスを観察することで私たちが得られる情報の集まりである。

　以上のx, y, zのような情報の集まりのことを，関連性論理の分野では**状況**（situation）と呼ぶ。そして，上の例のような，いくつかの状況から得られる情報を総合して，別の状況についての情報を導く推論を**状況推論**（situated inference）と呼ぶ。

　状況推論を行うとき，私たちはそれらの状況をある一定の仕方で結びつける。上の推論であれば，xは科学的知識の集積であり，私たちがそこから取り出すのは典型的には「AならばB」という形の法則だろう。yは現在得られるデータの集積であり，xから得た法則をyから得たデータ（A）に適用する。そして，それによってzの情報（B）を得る。zは推論のターゲットとなる状

況である。つまり，上の状況推論においては，3つの状況が，法則データベース（x）・データ集積（y）・ターゲット（z）というそれぞれの役割とともに結びつけられる。3項関係 R とは，このような結びつきの数学的表現なのである。

2.2　含意の意味と論理的な状況

　状況推論の観点からの3項関係の解釈に基づけば，関連含意 $A \to B$ がある状況で成り立つということは，ある状況で A であることから，別の状況において B であることを推論できるという，状況推論の法則を表すと理解できる。そして，含意がこのような意味だとすれば，$A \to A$ が真にならない場合もあるということは至極当然だろう。いまこの状況で A だとしても，別の状況，例えば未来や過去，空間的に離れた場所で A とはかぎらないからだ。

　一方で，$A \to A$ が成り立たない含意など含意ではないという考えもあるかもしれない。"本当の"含意とはどのようなものかという問題にはすっきりした答えはないだろうが，関連性論理のモデルでは，次のような性質が成り立つのだった。

命題3［再掲］　$A \models B$ ならば，任意の $\mathbf{R}^+$ モデル $M = \langle W, R, 0, v \rangle$ において，$v(0, A \to B) = 1$ が成り立ち，またその逆も成り立つ。

　妥当な推論 $A \models B$ は一般に，ある状況で A が真ならその同じ状況で B も真ということであり，状況推論の特殊例と考えることができる。上の命題が示しているのは，特別な状況0においては，含意はそのような特殊な状況推論を表すということである。そしてもちろん，$A \models A$ は妥当だから $A \to A$ は0で必ず真になる。0は，そこにおいて含意が（一般の状況推論ではなく）論理的に妥当な推論を表すことになる"論理的な状況"である。

　関連性論理は，関連性の誤謬をブロックするために $A \to A$ を非妥当化する一方で，モデル内に論理的な状況0を設定することで，妥当な推論を表現するという含意の重要な側面も捉えるという，いわば二枚腰の概念装置を備えているのである。

2.3　不完全・不整合な状況

　もうひとつ，以上の“情報の集まりとしての状況”という解釈からすぐに帰結するのは，状況とは不完全なものでありうるということである。例えば，現在のベテルギウスそれ自体は，未来のベテルギウスのあり方についての情報は含んでおらず，未来についての命題を肯定も否定もしないと考えられる。つまり，排中律が成り立たないような状況を考えることは自然である。

　それに加えて，情報の集まりは不整合でもありうる。情報が錯綜していて，互いに矛盾する報告が飛び交うような状況はよくあることである。つまり，矛盾が真になるような，そして爆発則を非妥当にするような状況，という考え方も，この状況の概念のもとでは自然なのである。

　もちろん，不完全性・不整合性は否定の概念を本質的に含んでいる。というわけで，次章では，以上のアイディアを踏まえて，関連性論理のモデルにおいてどのように否定を扱うかを見ることになる。

Case Study | ケーススタディ13

明示化と部分構造論理

　本章では「（内包的）連言は推論における前提の構造を表す」とか「含意は（状況）推論を表す」などといった，演算子の機能について言及した。さいきんの哲学分野で，こうした系統の考え方を明確に打ち出している論者の一人が，アメリカのプラグマティズム哲学者 R. ブランダムである。

　彼にとって，論理演算子は一般に，推論に含まれる**暗黙的**（implicit）なコミットメントを**明示化**（making explicit）するための装置である。例えば誰かが，A という理由に基づいて B と主張する。このような主張を行うからには，話者はもちろん，A から B が帰結すると考えている，つまり A から B への推論の妥当性に"コミット"しているはずだが，話者はそれを表立って主張しているわけではない。主張されているのは A であり，そしてそれに基づく B だけである。つまり，推論の妥当性へのコミットメントは，この一連の，推論に基づく主張行為を行うことによって，暗黙のうちに（明示的に主張したわけでなくとも）話者が引き受けることになるコミットメントである。

　そこで他の誰かが，「ということはあなたは「A ならば B」だと考えているわけですか」と尋ね，最初の話者が「はい，そうです」と答えたとする。このとき，推論への暗黙的コミットメントは，明示化されている。すなわち，それは，含意を用いて「A ならば B」というひとつの命題として表現され，疑問として提示され，そして肯定されている。

　ひとつの命題として表現されるということは，それ自体が，また別の推論の前提や結論になりうるということである。つまり，推論へのコミットメント自体について，それがいかなる理由で支持され，いかなる帰結をもちうるのかということが吟味されるようになる。含意「ならば」は，推論という行為に含まれる暗黙的なコミットメントを明示化し，それによって，その推論自体の正しさについての，いわばより高次の議論を可能にする装置なのである。

推論という語をより広く，"命題間の論理的な関係"くらいにとるならば，他の演算子も同様の理解ができる。例えば，（内包的）連言 A○B は，A と B が（ひとつの推論の前提としてともに仮定してよいという意味で）両立可能であ・る・こ・と・へのコミットメントを明示化する装置であり，否定 ¬A は，A と矛盾・す・る・コミットメントの明示化である，といったところである。ブランダムはこのような考え方を「**論理的表現主義**（logical expressivism）」と呼び，彼自身の**推論主義**（inferentialism）という哲学プロジェクトの中核に位置づけている。

　言葉遣いは異なるにせよ，同様の考え方は，論理学寄りの多くの論者によっても表明されている。例えば K. ドッシェンの「句読点としての論理定項」や G. サンビンらの「反映原理」が挙げられるだろう。N. ベルナップの「ディスプレイ論理」という証明体系にも，同様の設計思想が読みとれる。

　彼らの論理学者ならではの論点は，本章で紹介した部分構造論理についてのそれである。例えば関連性論理と直観主義論理では，含意や連言についての推論の妥当性が異なるが，そのちがいは，（ブランダムの用語を使えば）暗黙的なレベルでの論理的関係の性質，形式的にはどのような構造規則を採用するかによるのであり，それが明示化装置たる演算子によって表に現れているにすぎない。逆に言えば，異なる論理のあいだでも，演算子の果たしている明示化という機能それ自体は共通したものと考えることができる。

　以上は，前章のケーススタディで論じた「共通点と相違の図式」のまさに一例でもある。この（多元論的でもある）図式全体が，ブランダムの推論主義とうまく馴染むかどうかは，興味深い問題であろう。

Active Learning ┃ アクティブラーニング13

論理 E

────────

　B^+フレームで命題 1 の(3)(4)(5)，および,

(E)　　　　　　　　　　　　　　任意の x について $Rx0x$

を満たすものを E^+フレームと呼ぶ。ここで，$\Box A := t \to A$ と定義する（t について
は前章のアクティブラーニング参照）と，次が成り立つことを示しなさい。
証明には(E)と(3)があれば十分である。

(1)　　　　　　　　　　　　$A \to B \models \Box A \to \Box B$
(2)　　　　　　　　　　　　$\Box(A \land B) \models \Box A \land \Box B$
(3)　　　　　　　　　　　　$\Box A \land \Box B \models \Box(A \land B)$
(4)　　　　　　　　　　　　$\Box A \models A$
(5)　　　　　　　　　　　　$\Box A \models \Box\Box A$
(6)　　　　　　　　　　　　$A \to B \models \Box(A \to B)$

　以上は，$\Box$ が S4タイプの必然性演算子であること，そして $A \to B$ がある種
の厳密含意（必然的な含意）であることを示している。
　また，R^+においては，$\Box A = t \to A$ はある意味で必然性としての内実を失っ
てしまうが，それはどういうことか，考えなさい。

論理 RM*

R フレームに，

(Mingle)　　　　　　　任意の x について，$0 \leq x$ または $0 \leq x^*$

を付け加えたフレーム（ただし＊は次章で定義するスター関数）で定義される論理は，第11章アクティブラーニングで多値論理として定義した **RM** と同等になる（その証明は省略）。ここでは（Mingle）をみたすフレームでは，

$$A \circ A \vDash A \quad\quad A \vDash A{\to}A \quad\quad A \vDash B \text{ ならば } A \circ A \vDash B$$

が妥当になること（これら3つはすべて同値である）を示しなさい。また，**RM** は，妥当な推論の前提と結論が何らかの命題変項を共有しているという意味での関連性論理ではない。それを示す例を見つけなさい（次章で定義する否定が本質的に関係するので注意）。

第14章

様相演算子としての否定

この章ではまず，否定のかかわる関連性の誤謬が，前章までに見た関連性論理のモデル論の枠組みにおいてどのように処理されるかを見る。そこでは**スター関数**と呼ばれる，フレーム上の関数を使って否定が定義される。スター関数は，矛盾が真になったり排中律が偽になったりするいわゆる"不可能状況"を手際よく構成することを可能にするが，その関数が何を意味するのか，直観的にわかりにくいという批判もしばしばなされる。

そこで章の後半では，**様相演算子としての否定**という一般的なアプローチのもとで，スター関数の解明を試みる。関数というのは，ある一定の性質を満たす関係のことなので，スター関数は，これまで本書が扱ってきたようなフレーム上の到達可能性関係の一種と考えることができ，それによって定義される否定は，ある種の様相演算子だと見なすことができる。とすると，必然性や可能性の場合と同じく，様相演算子としての否定についても，推論と到達可能性のあいだの対応理論を展開することができ，スター関数および関連性論理の否定もそのなかに位置づけることができる。少しマニアックな内容だが，これまで学んできたことの応用として，楽しんでもらいたい。

KEYWORDS　#スター関数　#否定様相

1｜スター関数

　関連性の誤謬のうち，否定が関係するものとして前章で保留になっていたのは，次の3つだった。

(1)
$$\neg A \models A \rightarrow B$$

(2)
$$A \wedge \neg A \models B$$

(3)
$$A \models B \vee \neg B$$

　ここでは(2)の爆発則，(3)の排中律に注目して議論を進める。前章では3項関係を使って $A \rightarrow A$ が偽になる不可能状況を構成したが，ここでも目指すは，$A \vee \neg A$ が偽になったり $B \wedge \neg B$ が真になったりする不可能状況である。

　FDE をはじめとする多値論理では，真偽以外の真理値を増やすことでこれを処理したが，関連性論理の可能世界意味論では，真理値は真偽のみとしつつ，フレーム上の関数を用いて，不可能状況を構成する。フレーム内の各要素 x に対して，その"相方（mate）" x^* を与える関数 ∗ を考え，そして否定を，

$$v(x, \neg A) = 1 \Longleftrightarrow v(x^*, A) = 0$$

により定義する。すなわち，x において A の否定が真になるのは，（x においてではなく）x の相方 x^* において A が偽になるときである。アスタリスク（∗）で表記されるのが慣行になっているこの関数は，**スター関数**あるいは発案者リチャード・ラウトリー（Richard Routley）の名前をとってラウトリー・スターと呼ばれる（彼自身はのちにリチャード・シルヴァン Sylvan と改名）。

　厳密な定義に先立って，この装置がどのようにはたらくかを見ておこう。モデルのなかに次のような部分があったとしよう。

　ポイントは，x と x^* は別々の状況でよいということに尽きる。それゆえ，こ

のように x で A が真でも，x^* では A は偽となるモデルを構成できる。このとき，$\neg A$ は x で真だから，$v(x, A) = 1$ と $v(x, \neg A) = 1$ をあわせて $v(x, A \wedge \neg A) = 1$ である。他方，$v(x, B) = 0$ であり，さらに $v(x, \neg B) = 0$ だから $v(x, B \vee \neg B) = 0$ である。つまり，x は矛盾 $A \wedge \neg A$ が真となる不整合な状況であり，かつ，排中律（の一例）$B \vee \neg B$ が偽となる不完全な状況である。

　前章最後で見たように，情報の集まりとしての状況という解釈は，こうした不可能状況の存在を概念的に許容するものであった。スター関数は，それを技術的に実現する装置である。

2｜Rのモデル

　以下では，前章で見た正の関連性論理 $\mathbf{R^+}$ に否定を加えた関連性論理 $\mathbf{R}$ を定義する。正の部分は以前と同じであり，否定およびそれを定義するための $*$ にかかわる部分を加えるだけである。

定義1（言語）　関連性論理 $\mathbf{R}$ の言語は，$\mathbf{R^+}$ の語彙に否定演算子 $\neg$ を加えることで得られる。

定義2（$\mathbf{R}$ フレーム，$\mathbf{R}$ モデル）　$\langle W, R, 0, v \rangle$ を $\mathbf{R^+}$ モデルとする。このとき，次の条件を満たす1項関数 $*$ を加えた $\langle W, R, 0, * \rangle$ を $\mathbf{R}$ フレーム，$\langle W, R, 0, *, v \rangle$ を $\mathbf{R}$ モデルと呼ぶ。

$(*1)$ $\qquad\qquad\qquad Rxyz$ ならば Rxz^*y^*

$(*2)$ $\qquad\qquad\qquad x^{**} = x$

　複合式の付値は，否定以外については $\mathbf{R^+}$ モデルの場合と同様とし，否定については，

$$v(x, \neg A) = 1 \Longleftrightarrow v(x^*, A) = 0$$

と定義する。推論の妥当性など他の諸概念もこれまでと同様に定義する。

（＊1）は，他の関連性論理ではその特殊例

$$y \leq z (R0yz) \text{ならば} z^* \leq y^* (R0z^*y^*)$$

のみが仮定される場合もある。スターは $\leq$ を反転させる関数だということである（次の命題1の証明で用いる）。（＊1）というより強い形を仮定すると，以下の問題2⑷の形の対偶が妥当になる。（＊2）は二重否定導入・除去則を妥当にする仮定である（同⑶参照）。

命題1 R モデルでは，任意の論理式 A について遺伝性が成り立つ。すなわち，

$$v(x, A) = 1 \text{かつ} x \leq y \text{ならば，} v(y, A) = 1$$

証明 これまでと同様，論理式の構成にかんする帰納法による。   □

前節の説明から，スター関数を用いれば爆発則や排中律を非妥当化できることは明らかだろう。冒頭で挙げた3つの関連性の誤謬のうち，残る $\neg A \models A{\to}B$ は少し毛色がちがうが，練習問題で確認してもらおう。

問題1 1節冒頭の推論⑴～⑶が R において妥当でないことを示しなさい。

問題2 R において次が成り立つことを示しなさい。$\dashv\vdash$ は両向きの推論が妥当であることを表している。

(1) $\neg(A \wedge B) \dashv\vdash \neg A \vee \neg B$

(2) $\neg(A \vee B) \dashv\vdash \neg A \wedge \neg B$

(3) $A \dashv\vdash \neg\neg A$

(4) $A{\to}B \dashv\vdash \neg B{\to}\neg A$

(5) $A{\to}\neg A \models \neg A$

問題3　任意の **R** モデルにおいて,

$$v(0, A \vee \neg A) = 1, \quad v(0, \neg(A \wedge \neg A)) = 1$$

となることを示しなさい。

　前章で見たように,0は **R** モデルにおいて"論理的真理"を集約して表現する状況である。**R** モデルは,排中律が偽になったり矛盾が真になったりする不可能状況を含みうるが,0においてはそれらは通常どおりふるまうのである。

問題4（選言三段論法）　**R** において,

$$\neg A \wedge (A \vee B) \nvDash B$$

であることを示しなさい。

　選言三段論法は,ふだんの生活でも頻繁に使用されるような,きわめて直観的な論理法則である。しかし,選言三段論法を妥当と認めると,爆発則も一緒に妥当と認めねばならない（確認してみよう）。関連性論理は,爆発則がもたらす関連性の誤謬を避けるトレードオフとして,この形式での選言三段論法の妥当性を諦めざるをえない。

　この事態をどう考え,どのように解決するかについては,関連性論理の分野でも議論が続いているところだが,ひとつの策は,外延的選言 ∨ ではなく内包的選言（第8章参照）を使った形式で考えるというものである。本章末尾のアクティブラーニングを参照してほしい。

3 │ 様相演算子としての否定

　以上のように,スター関数を使えば関連性の誤謬は回避できることはわかったが,フレーム上の関数というのは,少し異色の存在である。じっさい,スター関数とはいったい何なのか,直観的にわかりにくいと批判する論者もいる。とはいえ,関数は関係の特殊例である。そして,ここで定義した否定の真理値は,スター関数で関係づけられた別の世界（状況）を参照して決められる

のだから，スター関数もつまるところは，私たちがこれまで扱ってきたような，到達可能性関係の一種であり，さらには否定も様相演算子の一種であると考えることができる。以下では，**様相演算子としての否定**という一般的なアプローチのもとでスター関数を再構成し，その正体を多少とも明らかにしたい。

・・・
3.1　負の様相

直観主義論理の否定は，

$$v(x, \neg A) = 1 \Longleftrightarrow x \le y \text{ なるすべての } y \text{ について } v(y, A) = 0$$

と定義されていた。$\le$ によって到達可能なすべての世界で偽ということだから，この否定は$\overset{・・・}{不可能性}$（直観主義論理のモデルの解釈に基づけば証明不可能性）を表すものと理解できる。この考え方を，直観主義論理特有の条件を取り払って一般化しよう。すなわち，前順序 $\le$ ではなく，たんなる2項関係 C を使って考えよう。ここでの否定は $\neg$ ではなく，$\triangleright$ という新しい演算子で表す。

$(\triangleright)$　　　　$v(x, \triangleright A) = 1 \Longleftrightarrow xCy \text{ なるすべての } y \text{ について } v(y, A) = 0$

繰り返しになるが，$\triangleright$ は，到達可能な世界のどこでも成り立たないという**不可能性**（impossibility）を表す。必然性□や可能性◇といった正（positive）の様相演算子に対し，$\triangleright$ は負（negative）の様相を表す**否定様相演算子**（negative modal operator）である。

$\triangleright$ は必然性□と同じく普遍量化子「すべて」によって定義される否定様相である。可能性◇と同様に存在量化子「ある」によって定義される否定様相も考えよう。ここでは，演算子も到達可能性関係も，上とは別のものを用意する。

$(\blacktriangleright)$　　　　$v(x, \blacktriangleright A) = 1 \Longleftrightarrow xEy \text{ なるある } y \text{ について } v(y, A) = 0$

$\blacktriangleright$ は「いつでも成り立つわけではない」という意味で**非必然性**（unnecessity）を表す。

否定様相を定義する2項関係 C と E はそれぞれ，**両立可能性**（Compati-bility）と**網羅性**（Exhaustiveness）を表す。次の図で考えてみよう。

xCy が成り立っているとする。このとき，もし x で $\triangleright A$ が真ならば，y では A は偽である（左図上の⇒）。反対に y で B が真なら，x では $\triangleright B$ は偽である（左図下の⇐）。x が否定していることを y が肯定することはないし，反対に y が肯定していることを x が否定することはない。つまり，x に含まれている情報と y に含まれている情報が論理的に衝突することはない。その意味で，x（に含まれる情報）と y（に含まれる情報）は**両立可能**である。

対して，xEy であるとする。もし $\blacktriangleright A$ が x で偽なら，y では A が真であり（右図上の⇒），反対に y で B が偽なら，$\blacktriangleright B$ が x で真となる（右図下の⇐）。つまり，x と y の情報を合わせれば，任意の命題について，肯定が成り立つのか否定が成り立つのか，必ずどちらかの答えが得られる。その意味で，x（に含まれる情報）と y（に含まれる情報）は**網羅的**である。

$$\cdots$$

3.2　否定様相のモデル

以上の２つの否定様相 $\triangleright$，$\blacktriangleright$ をもった論理（ここでは **NM**（Negation as Modal operator）と呼ぶ）を厳密に定義しよう。話をかんたんにするために，前順序 $\leq$ のみを備えたフレームをベースとし，$\triangleright$，$\blacktriangleright$ 以外の演算子は連言と選言だけを考える。関連性論理のフレームでは，３項関係によって前順序が定義されるので，それのみに注目して（３項関係については忘れて）議論していると思っていただいてもよい。

> **定義 3**（語彙）　**NM** の語彙は，命題変項，（外延的）連言 $\wedge$，選言 $\vee$ に $\triangleright$，$\blacktriangleright$ を加えたものとする。論理式などはこれまでと同様に定義される。

定義4（NM フレーム・モデル）　W を空でない集合，$\leq$ を W 上の前順序とする。さらに，C, E を W 上の2項関係としたとき，C, E が任意の $x, y \in W$ について

(C)　　　　　　　xCy かつ $x' \leq x$ かつ $y' \leq y$ ならば，$x'Cy'$

(E)　　　　　　　xEy かつ $x \leq x'$ かつ $y \leq y'$ ならば，$x'Ey'$

を満たすとき，$\langle W, \leq, C, E \rangle$ を **NM フレーム**と呼ぶ。NM フレーム上の付値 v が $\leq$ にかんして遺伝性を満たすとき，$\langle W, \leq, C, E, v \rangle$ を **NM モデル**と呼ぶ。

複合式，とくに $\triangleright$, $\blacktriangleright$ を含む論理式については，上の $(\triangleright)$, $(\blacktriangleright)$ に従って真理値を評価する。連言・選言については従来どおり，推論の妥当性の概念なども従来同様に定義する。以上によって定義される論理を **NM** と呼ぶ。

(C) と (E) は，$\triangleright$, $\blacktriangleright$ にかんして遺伝性を成り立たせるための条件である。

命題2（遺伝性）　任意の論理式 A について次が成り立つ。すなわち，任意の NM モデル $\langle W, \leq, C, E, v \rangle$, $x, y \in W$ について，

$$v(x, A) = 1 \text{ かつ } x \leq y \text{ ならば，} v(y, A) = 1$$

命題3　NM では次が成り立つ。

(1)　　　　　　$A \vDash B$ ならば，$\triangleright B \vDash \triangleright A$ かつ $\blacktriangleright B \vDash \blacktriangleright A$

(2)　　　　　　$\triangleright (A \vee B) \dashv\vDash \triangleright A \wedge \triangleright B$

(3)　　　　　　$\blacktriangleright (A \wedge B) \dashv\vDash \blacktriangleright A \vee \blacktriangleright B$

(4)　　　　　　$\triangleright (A \wedge B) \nvDash \triangleright A \vee \triangleright B$

(5)　　　　　　$\triangleright A \vee \triangleright B \nvDash \triangleright (A \wedge B)$

(6)　　　　　　$\blacktriangleright (A \vee B) \vDash \blacktriangleright A \wedge \blacktriangleright B$

(7)　　　　　　$\blacktriangleright A \wedge \blacktriangleright B \nvDash \blacktriangleright (A \vee B)$

問題 5　上の命題 2 および命題 3 を証明しなさい。

　命題 3 が否定様相の基本的な性質である。すなわち，▷，▶のいずれも対偶を満たし，それぞれド・モルガン則のうちの（異なる）3 つを満たす。両者は多くの性質を共有しているが，(4)を満たさないのが▷，(7)を満たさないのが▶，という点にちがいが見られる。これ以上の否定にかかわるさまざまな推論，例えば二重否定則や排中律，爆発則などが成り立つためには，C や E にかんしてそれに対応した性質を仮定する必要がある。つまり，正の様相の場合と同様の対応理論が展開できるのである。

・・・

3.3　対応理論

　まず，不可能性▷にかかわる推論と，両立可能性 C の性質のあいだの対応理論を見る。

定理 1　以下の推論はそれぞれ右の性質と対応する（スペースの問題で，C の性質は述語論理の論理式で書いている）。すなわち，その推論がフレーム F において妥当ならば，そのフレームは右の性質を満たし，その逆も成り立つ。

二重否定導入　$A \vDash^F {\triangleright}{\triangleright}A$　　　　　　　　$\forall x \forall y (xCy \rightarrow yCx)$

爆発則　　　　$A \wedge {\triangleright}A \vDash^F B$　　　　　　　$\forall x\, xCx$

排中律　　　　$B \vDash^F A \vee {\triangleright}A$　　　　　　　$\forall x \forall y (xCy \rightarrow y \leq x)$

ド・モルガン　${\triangleright}(A \wedge B) \vDash^F {\triangleright}A \vee {\triangleright}B$　　$\forall x \forall y \forall z ((xCy \wedge xCz) \rightarrow$
　　　　　　　　　　　　　　　　　　　　　　$\exists w (y \leq w \wedge z \leq w \wedge xCw))$

二重否定除去　${\triangleright}{\triangleright}A \vDash^F A$　　　　　　　$\forall x \exists y (xCy \wedge \forall z (yCz \rightarrow z \leq x))$

　正の様相論理のときよりも複雑な性質が多いが，例えば二重否定導入則は C の対称性と，爆発則は反射性と対応する，ということである。証明する方法はこれまでと同じである。

　▶と E の対応関係は，これらを"双対化"することで得られる。大雑把に言うと，推論の側では，▷を▶に置き換え，かつ前提と結論および $\wedge$ と $\vee$ を

入れ替え，到達可能性の性質の側では，C を E に，$x \leq y$ を $y \leq x$ に入れ替えればよい。

定理2　以下の推論はそれぞれ右の性質と対応する。すなわち，その推論がフレーム F において妥当ならば，そのフレームは右の性質を満たし，その逆も成り立つ。

二重否定除去　$\blacktriangleright\blacktriangleright A \vDash^F A$　　　　　　　$\forall x \forall y (xEy \rightarrow yEx)$

排中律　　　$B \vDash^F A \vee \blacktriangleright A$　　　　　　$\forall x\, xEx$

爆発則　　　$A \wedge \blacktriangleright A \vDash^F B$　　　　　　$\forall x \forall y (xEy \rightarrow x \leq y)$

ド・モルガン　$\blacktriangleright A \wedge \blacktriangleright B \vDash^F \blacktriangleright(A \vee B)$　$\forall x \forall y \forall z ((xEy \wedge xEz) \rightarrow$
　　　　　　　　　　　　　　　　　　　　　　　$\exists w (w \leq y \wedge w \leq z \wedge xEw))$

二重否定導入　$A \vDash^F \blacktriangleright\blacktriangleright A$　　　　　$\forall x \exists y (xEy \wedge \forall z (yEz \rightarrow x \leq z))$

…

3.4　スター関数を再構成する

　ここで当初の問題に戻って，スター関数がどのような意味でこれらの到達可能性関係の特殊例になっているか，検討しよう。そのためにまず，関連性論理の否定と否定様相 $\triangleright$，$\blacktriangleright$ を比較しよう。

　関連性論理の否定はド・モルガン否定（de Morgan negation）とも呼ばれる。問題2で確認したように，関連性論理の否定 $\neg$ は4つのド・モルガン則をすべて満たすからである。それに対して，命題3で見たように，$\triangleright$，$\blacktriangleright$ はそれぞれ3つしかド・モルガン則を満たさない。ただし，

(1)　　　　　$\triangleright(A \wedge B) \nvDash \triangleright A \vee \triangleright B$ だが $\blacktriangleright(A \wedge B) \vDash \blacktriangleright A \vee \blacktriangleright B$

(2)　　　　　$\triangleright A \wedge \triangleright B \vDash \triangleright(A \vee B)$ だが $\blacktriangleright A \wedge \blacktriangleright B \nvDash \blacktriangleright(A \vee B)$

という形で，非妥当なものはそれぞれ食い違っている。

　このことからわかるのは，ド・モルガン否定 $\neg$ は，$\triangleright$ と $\blacktriangleright$ 両方の機能を兼ね備えた否定だということである。つまり，$\neg$ は(1)の形のド・モルガン則を満たすという意味で $\blacktriangleright$ の機能を果たせるし，同じく(2)の形のド・モルガン則を満たすという意味で $\triangleright$ の機能も果たすことができる。$\neg$ は $\triangleright$ でもあり $\blacktriangleright$ でもあ

る，と言えるのである。

　ここで，前章で紹介した“論理演算子の融合”を思い出そう。古典論理や直観主義論理の連言は，構造規則によって内包的連言と外延的連言が同値になって融合した連言であり，それゆえに，2種類の連言両方の機能をもつようになっているのだった。とすれば，否定についても同じことが言えそうである。つまり，ド・モルガン否定は，2つの否定様相が融合してできた否定だと言えるのではないか。じっさい，以下が成り立つ。

命題4　任意の NM フレーム F において次が成り立つ。

$(\star 1)$ $\qquad\qquad\blacktriangleright A \vDash^{F} \triangleright A \Longleftrightarrow \forall x \forall y \forall z (xCy \land xEz \to y \le z)$

$(\star 2)$ $\qquad\qquad\triangleright A \vDash^{F} \blacktriangleright B \Longleftrightarrow \forall x \exists y (xCy \land xEy)$

証明　$(\star 1)$，$(\star 2)$ ともに，$\Leftarrow$方向はすぐに証明できる。$(\star 1)$ の$\Rightarrow$方向を対偶で証明する。フレーム F において $\forall x \forall y (xCy \land xEz \to y \le z)$ が成り立たないとする。このとき，

$$xCy \text{ かつ } xEz \text{ かつ } y \nleq z$$

なる x, y, z が存在する。このとき命題変項 p に対する付値 v を，任意の w に対して，

$$v(w, p) = 1 \Longleftrightarrow y \le w$$

により定める（他の命題変項についてはつねに偽とする）。この付値が遺伝性を満たすことは明らかである。そしてこのとき，$v(z, p) = 0$ かつ $v(y, p) = 1$ なので，xEz，xCy と合わせて，

$$v(x, \blacktriangleright p) = 1 \text{ かつ } v(x, \triangleright p) = 0$$

が成り立つ。これは，$\blacktriangleright p \vDash \triangleright p$ に対する反例である。　　　　□

　$(\star 1)$，$(\star 2)$ は2つ合わせて $\triangleright$ と $\blacktriangleright$ が融合する（同値になる）条件を，到達

可能性 C と E の性質で表現したものである。この 2 つの性質の連言は次と同値である。

$$(\star\star)\qquad \forall x\exists y(xCy\wedge\forall w(xCw\to w\le y)\wedge xEy\wedge\forall z(xEz\to y\le z))$$

すなわち，任意の x に対して次のような y が存在する。

- y は x と両立可能（xCy）であり，かつ，x と両立可能な状況のうち最大のものである（$\forall w(xCw\to w\le y)$）。
- さらに，y は x と合わせて網羅的（xEy）でもあり，かつ，x と網羅的な状況のうち最小のものである（$\forall z(xEz\to y\le z)$）。

y は x に対するいわば"最大両立可能状況"であり，かつ"最小網羅的状況"である。次のように図示することができる。

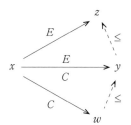

$\triangleright$ と $\blacktriangleright$ が融合するフレームでは，任意の x に対してこのような特別な y をとることができる。ここまで来ると予想がつくかもしれないが，この y こそが x に対するスター x^* である。

定理 3　（★1）および（★2）の右辺を満たす **NM** フレームでは，次の条件を満たすスター関数 ✱ を定義することができる。

(1)　　　　$x\le y$ ならば $y^*\le x^*$

(2)　　　　$v(x,\triangleright A)=1\Longleftrightarrow v(x^*,A)=0\Longleftrightarrow v(x,\blacktriangleright A)=1$

　さらに，（★1）および（★2）に加えて，C,E がともに対称的であれば，このように定義される ✱ について $x^{**}=x$ が成り立つ。

証明　上に説明した，任意の x に対して存在する y は，$\leq$ を順序と考えれば一意である（第9章アクティブラーニングを参照）。その y を x^* と定義する。

(1)を示す。$x \leq y$ とする。yCy^* だから **NM** フレームの条件（C）より xCy^* である。つまり，y^* は x と両立可能である。他方，x^* は x と両立可能な状況のうちで最大だから，$y^* \leq x^*$ である。

(2)$v(x^*, A) = 0 \Longleftrightarrow v(x, \blacktriangleright A) = 1$ を示そう。xEx^* だから $\Rightarrow$ 方向は明らか。逆に $v(x, \blacktriangleright A) = 1$ とすると，xEy なるある y に対して $v(y, A) = 0$ だが，x^* は"最小網羅的状況"だから，$x^* \leq y$ である。付値の遺伝性により $v(x^*, A) = 0$ である。いま $\triangleright$ と $\blacktriangleright$ は同値だから，$v(x, \triangleright A) = 1 \Longleftrightarrow v(x^*, A) = 0$ もこれで証明された。　　　　　　　　　　　　　　　　　　　　　　　　　　　　　□

　条件(1)はスター関数の条件（＊1）の簡易版であった。さらに C, E が対称的であればもうひとつの条件（＊2）も満たされ，条件(2)より，ここでの $\triangleright$ および $\blacktriangleright$ が関連性論理の否定（ド・モルガン否定）と同値になることがわかる。

問題6　上記のフレームにおいて C, E がいずれも対称的ならば $x^{**} = x$ が成り立つことを示しなさい。

　C の対称性は $\triangleright$ にかんする二重否定導入則に，E の対称性は $\triangleright$ にかんする二重否定除去則に対応する。（★1）（★2）によって融合してできた否定は $\triangleright$，$\blacktriangleright$ 両方の機能を兼ね備えるので，この場合，二重否定導入・除去則の両方を満たすことになる。

Case Study | ケーススタディ14

関連性論理のモデル論における 2 つの "プラン"

　すでにお気づきのように，関連性論理のモデル論には 2 つの大きな流派がある。ひとつは FDE に対する 4 値モデルである。当初北米で盛んに研究されたことから俗に American Plan と呼ばれる。もうひとつは 3 項関係とスター関数を用いる可能世界モデルである。同様の理由でこちらは Australian Plan と呼ばれる。字数節約のためそれぞれ「米計画」「豪計画」と呼ぶことにしよう。

　両計画にはそれぞれ長所と短所がある。豪計画は，対応理論に見られるリッチな表現力が魅力だが，3 項関係やスター関数は見る人によっては奇異に映るかもしれない。対する米計画はシンプルさが長所である。とくに否定は，

$$\neg A\text{ が真} \Longleftrightarrow A\text{ が偽} \qquad \neg A\text{ が偽} \Longleftrightarrow A\text{ が真}$$

と，スター関数による定義よりも直観的な仕方で定義される。ただし，すでに言及したように，FDE では含意を満足いく仕方で扱うことができない。このような相違から，両者はお互い対立し，相容れないアプローチであるかのように語られることもある（とはいえそれらは "プロレス" 的な書き方であって，現場では両陣営はきわめて友好的に，活発に交流しながら研究を進めている）。

　しかし，一方に固執し他方を排除するよりは，両者のいいとこ取りをするようなモデルができないかと考えるほうが生産的だろう。豪計画の第一人者でもあるラウトリーは，1984年の論文 "The American Plan Completed" で，関連性論理に対する 4 値可能世界モデルを検討している。すなわち，論理式がフレーム内の各世界で t,b,n,f のいずれかの値をとる，あるいは同じことだが，ひとつの論理式が真かつ偽になる世界や，真でも偽でもない世界も許容するということである。

　4 値モデルなので米計画の利点を活かして，否定は直観的に定義できる一方で，豪計画の長所であるフレーム上の 3 項関係も使えるので，含意も柔軟に扱

える。こうして両者のいいとこ取りができるように見えるが，このモデルでど
うしてもできないのが，否定を含む推論にかんする対応関係の表現であった。
例えば，対偶 $A \to B \models \neg B \to \neg A$ には，スター関数が使えるなら「$Rxyz$ ならば
Rxz^*y^*」が対応すると言えるのだが，スターなしの4値モデルでは，これが
表現できない。

　そこでラウトリーは，スター関数を排除する（スター関数なしのモデルを構築
する）ためではなく，むしろ，スター関数の成り立ちを説明し，それをモデル
に導入するための概念的資源として4値モデルを使おうと提案する。具体的に
は，彼は，本章で見た到達可能性関係 C や E の先取りとなるような関係を4
値モデル上に定義し，それがどのような条件下でスター関数となるかを検討す
る。米計画から出発して，それをどのように拡張，発展させれば豪計画のス
ター関数に至るのか，その概念的な道筋を示そうとしたのである。

　残念ながら，彼の論文で提案されたモデルは仮定される諸条件があまりにも
複雑で，多くの人にすんなりと受け入れられるようなものではなくなってし
まったが，その後発展した，様相演算子としての否定にかんする研究を利用す
れば，彼の元々の意図におそらくは沿う形で，よりすっきりとしたモデルを構
成することができる。

　詳しいことは巻末に挙げた文献を参照してもらうほかないが，ここでは，否
定や含意を定義するのに適切な概念的資源とは何かという哲学的議論と，それ
をシンプルさとリッチさを両立させたモデルとして実現しようという数学的な
試みが一体となって展開されている。このようなハイブリッドな理論構築が，
（とくに哲学的論理学と呼ばれる分野の）非古典論理の醍醐味だと言えるだろう。

Active Learning │ アクティブラーニング14

内包的選言

内包的選言 $\bullet$ を $A \bullet B := \neg A \to B$ と定義しよう（もともとルイスは厳密含意を $A \dashv 3B = \neg A \bullet B$ と定義していたので，厳密含意の後継者たる関連含意を使って，それをひっくり返した形である）。R フレーム上に 3 項関係 S を $Sxyz = Rxy^*z$ と定義すると，付値の条件は次のようになる。

$v(x, A \bullet B) = 1 \Longleftrightarrow Sxyz$ なるすべての y, z について $v(y, A) = 1$ または $v(z, B) = 1$

この $\bullet$ が，実質含意のパラドクスの元凶たる DI，すなわち $A \vDash A \bullet B$ および $B \vDash A \bullet B$ を満たさないこと（R において非妥当であること），および選言三段論法 $\neg A \wedge (A \bullet B) \vDash B$ を R において満たすことを確認しなさい。

複数結論帰結関係

内包的連言 $\circ$ が推論において複数の前提がなす構造を表すのに対し，内包的選言 $\bullet$ は複数の結論がなす構造を表す。例えば，

$$A \circ B \vDash C \bullet D$$

は，2 つの前提 A と B から，2 つの結論 C と D が帰結することを意味する。もちろんこの結論部の「と」は，前提部の「と」と言い方を合わせただけで，意味としては，A と B が真なら C か D が真だ，と選言として理解される。

ともあれ，$\bullet$ が複数の結論のなす構造を表すのなら，それに対する構造規則が考えられるということである。次の構造規則に，3 項関係 S のどのような性質が対応するかを考え，それらが（R と $*$ の性質により）R モデルで成り立つことを示しなさい。

$$A \vDash B \bullet C \text{ ならば } A \vDash C \bullet B$$
$$A \vDash (B \bullet C) \bullet D \text{ ならば } A \vDash B \bullet (C \bullet D)$$
$$A \vDash B \bullet B \text{ ならば } A \vDash B$$

資　　料

集合論の記法

　論理学は，さまざまな概念を数学的に定義し，そしてそれらについての事実を数学的に証明することで進む学問である。数学的な定義や証明のためのもっとも標準的な記法（数学の言語と言ってもよい）が集合論である。ここでは，本書の範囲で必要な集合論の記法を紹介する。

集合とそのあいだの関係

対象の集まりを**集合**という。集合は次のような 2 つの方法で書き表される。

- $\{a_1 ..., a_n\}$：$a_1, ..., a_n$ という対象たちからなる集合（外延的記法）
- $\{x \mid A(x)\}$：$A(x)$ という条件を満たす対象の集合（内包的記法）

$a \in X$ と書いて「対象 a は集合 X の**要素である**」などと読む。$a \notin X$ は $a \in X$ の否定であり，a が X の要素ではないということを表す。

定義 1（単元集合，空集合）　要素をひとつだけ（a とする）もつ集合 $\{a\}$ を，**単元集合**と呼ぶ。要素をひとつももたない集合を**空集合**と呼び，$\varnothing$ と書く。これらについては次が成り立つ。

$$x \in \{a\} \iff x = a \qquad x \notin \varnothing$$

定義 2（部分集合）　集合 X が集合 Y の**部分集合**である（$X \subseteq Y$ と書く）のは，X のすべての要素が Y の要素であるときである。

　X が Y の部分集合であり，さらに，Y が X の要素ではない要素を含んでいるとき，X は Y の**真部分集合**であると言い，$X \subsetneq Y$ と書く。

定義3（同一性）　2つの集合 X と Y が同一である（$X = Y$）のは，$X \subseteq Y$ かつ $Y \subseteq X$ が成り立つとき，すなわちそれらがまったく同じ要素をもっているときである。

集合に対する演算

定義4（和，共通部分，相対補集合）　2つの集合 X と Y の**和**を $X \cup Y$ と書き，次のように定義する。

$$a \in X \cup Y \Longleftrightarrow a \in X \text{ または } a \in Y$$

X と Y の**共通部分**を $X \cap Y$ と書き，次のように定義する。

$$a \in X \cap Y \Longleftrightarrow a \in X \text{ かつ } a \in Y$$

X の Y にかんする**相対補集合**を $Y - X$ と書き，次のように定義する。

$$a \in Y - X \Longleftrightarrow a \in Y \text{ かつ } a \notin X$$

定義5（順序対）　2つの対象 a, b からなる**順序対**を $\langle a, b \rangle$ と書く。順序対の同一性については次が成り立つ。

$$\langle a, b \rangle = \langle c, d \rangle \Longleftrightarrow a = c \text{ かつ } b = d$$

定義6（順序 n 組）　順序対の概念は次のように一般化される。

- $\langle a, b, c \rangle$：順序三つ組
- $\langle a, b, c, d \rangle$：順序四つ組
- $\langle a_1, ..., a_n \rangle$：順序 n 組

同一性条件も同様に一般化される。

$$\langle a_1, ..., a_n \rangle = \langle b_1, ..., b_m \rangle \Longleftrightarrow n = m \text{ かつ } a_1 = b_1, ..., a_n = b_n$$

定義7（直積）　n 個の集合 $X_1, ..., X_n$ が与えられたとき，それらの**直積**を $X_1 \times \cdots \times X_n$ と書き，次のように定義する。

$$X_1 \times \cdots \times X_n = \{\langle x_1, ..., x_n \rangle \mid x_1 \in X_1, ..., x_n \in X_n\}$$

$X_1 = \cdots = X_n = X$ のときは，それらの直積を X^n と書いてもよい。

関係と関数

定義8（関係）　$X_1 \times \cdots \times X_n$ の任意の部分集合（R とする）を，$X_1, ..., X_n$ のあいだの **n 項関係**と言う。$X_1 = \cdots = X_n = X$ のときは，R を X 上の n 項関係と言う。$n = 2$ のとき，つまり R が 2 項関係であるときは，$\langle a, b \rangle \in R$ であることを aRb と書く。

定義9（関数）　集合 X と Y のあいだの 2 項関係 f が次の 2 つの条件を満たすとき，f を X から Y への**関数**ないし**写像**と呼び，$f: X \to Y$ と書く。

1. （存在性条件）すべての $x \in X$ に対して，xfy となる $y \in Y$ が少なくともひとつ存在する。
2. （一意性条件）すべての $x \in X$ および $y, y' \in Y$ について，xfy かつ xfy' ならば $y = y'$ である，すなわち，xfy となる y はたかだかひとつしか存在しない。

f が関数の場合には，xfy であることを $f(x) = y$ と書く。

文献案内

　本書で論理学に興味をもって，より本格的に学んでみたいと思った方には，本書で扱っていない証明論もちゃんとカバーしている本として，小野（1994），鹿島（2009），戸次（2012）の3冊をおすすめする。

　第Ⅰ部のあちこちに出てくるフレーゲについては，飯田（2007）を横に置きつつ，Frege（1999, 2001）を読むと，現代の論理学がどのようにして生まれ，確立されたのか，その雰囲気の一端が掴めるだろう。計算の概念については，概説としてSieg（2007）を，歴史的・数学的解説が読める本として伊藤（2014）を挙げておく。第7章の様相論理と述語論理の関係については，van Benthem（2010）のCh.7に多くを負っている。様相論理について啓発的な視点を与えてくれる良書である。また，様相論理の工学的な応用として紹介した時相論理については，加藤他（2014）に少し詳しい記述がある。

　第Ⅰ部のケーススタディで紹介したトピックにかんして言うと，第2章のタブローの方法への入門としては，Jeffrey（1991），Priest（2008）が最適である。第4章の認識論理の紹介はRendsvig & Symons（2021）に基づく。第5章の総称文については，和泉（2018），飯田（2019）を参照してほしい。第7章の数学の機械化については，Hacking（2014）の議論が，数学的証明の多面性を明らかにしてくれるだろう。

　第Ⅱ部の非古典論理に興味をもった方には，英語だが，先にも挙げたPriest（2008）とRestall（2000）の2冊をおすすめする。前者は主要な非古典論理にかんする哲学的な議論が（数学的定義とともに）一通り網羅されている。後者は比較すると数学的には少し難しくなるが，さまざまな非古典論理を俯瞰する視点が得られる。

　第8章の厳密含意の論理にかんする歴史的経緯については，吉満（2004）を参考にした。また，ケーススタディで触れた不可能世界は，現在さかんに議論されているトピックである。Priest（2005），Berto & Jago（2019）などを参照されたい。

　第9〜10章の直観主義論理にかんしては，冒頭で挙げた小野（1994），鹿島（2009）

などで技術的な事柄をしっかり学ぶとともに，ぜひ，金子（2006）とともに，ダメットの哲学にたどりついていただければと思う（例えば Dummett 1978）。また，照井（2015）を読めば，カリー・ハワード同型対応に象徴される証明と計算の関係について，クリアな理解が得られるだろう。

　第11章以降のトピックにかんしては，日本語のまとまった著作は少ないのではないかと思う。多値論理については，Priest（2008）の該当章（Ch.7, 8）から始めて，矛盾許容論理，さらには真矛盾主義（dialetheism）へ進むルートを個人的にはおすすめする（Priest et al. 2018）。

　関連性論理は Dunn & Restall（2002）が入門用としては簡にして要を得ている。同じくレストールの手掛けた Beall & Restall（2006）が，論理的多元論論争の火付け役である（第12章ケーススタディ）。第13章で紹介した状況推論の概念は Mares（2004）による。関連性論理の哲学的解釈を平易に説明してくれているのでこちらもおすすめである。様相演算子としての否定および第14章ケーススタディで言及した2つの"プラン"については，Onishi（2015, 2019）から概観を掴んでもらえるはずである。

　第13章ケーススタディで，ブランダムと部分構造論理を結びつけたが，これはあまりスタンダードな理解ではないだろう。さいきん日本での紹介が急速に進んでいるブランダムについては Brandom（2000），白川（2021）を，部分構造論理については大西（2009）などから始めて，原典に当たりつつ検討していただければと思う。

文　　献

Beall, J. C. & Restall, G.（2006）. *Logical Pluralism*: Oxford University Press.

van Benthem, J.（2010）. *Modal Logic for Open Minds*: CSLI Publications.

Berto, F. & Jago, M.（2019）. *Impossible Worlds*: Oxford University Press.

Brandom, R.（2000）. *Articulating Reasons*: Harvard University Press,（斎藤浩文訳，『推論主義序説』，春秋社，2016年）.

Dummett, M.（1978）. *Truth and Other Enigmas*: Harvard University Press,（藤田晋吾訳，『真理という謎』，勁草書房，1986年）.

Dunn, J. M. & Restall, G.（2002）. 'Relevance Logic,' in Gabbay, D. & Guenthner,

F. eds. *Handbook of Philosophical Logic, Vol.6*: Springer, 1–128.

Frege, G.（1999）.『フレーゲ著作集 1　概念記法』, 藤村龍雄（編）, 勁草書房.

―― (2001).『フレーゲ著作集 2　算術の基礎』, 野本和幸・土屋俊（編）, 勁草書房.

Hacking, I.（2014）. *Why Is There Philosophy of Mathematics At All?*: Cambridge University Press,（金子洋之・大西琢朗訳, 『数学はなぜ哲学の問題になるのか』, 森北出版, 2017年）.

Jeffrey, R.（1991）. *Formal Logic: Its Scope and Limits*: McGraw-Hill,（戸田山和久訳, 『形式論理学――その展望と限界』, 産業図書, 1995年）.

Mares, E. D.（2004）. *Relevant Logic: A Philosophical Interpretation*: Cambridge University Press.

Onishi, T.（2015）. 'Substructural Negations,' *The Australasian Journal of Logic, 12, 4,* 177-203.

―― (2019). 'Bridging the Two Plans in the Semantics for Relevant Logic,' in Omori, H. & Wansing, H. eds. *New Essays on Belnap-Dunn Logic*: Springer, 217–232.

Priest, G.（2005）. *Towards Non-Being: The Logic and Metaphysics of Intentionality*: Oxford University Press,（久木田水生・藤川直也訳, 『存在しないものに向かって』, 勁草書房, 2011年）.

―― (2008). *An Introduction to Non-classical Logic: From If to Is, 2nd Edition*: Cambridge University Press.

Priest, G., Tanaka, K., & Weber, Z.（2018）. 'Paraconsistent Logic,' in Zalta, E. N. ed. *The Stanford Encyclopedia of Philosophy*: Metaphysics Research Lab, Stanford University, Summer 2018 edition.

Rendsvig, R. & Symons, J.（2021）. 'Epistemic Logic,' in Zalta, E. N. ed. *The Stanford Encyclopedia of Philosophy*: Metaphysics Research Lab, Stanford University, Summer 2021 edition.

Restall, G.（2000）. *An Introduction to Substructural Logics*: Routledge.

Sieg, W.（2007）. 'On Computability,' in Irvine, A. ed. *Handbook of the Philosophy of Science, Vol. 4: Philosophy of Mathematics*: Elsevier, 549–630.

戸次大介（2012）．『数理論理学』，東京大学出版会．

飯田隆（編）（2007）．『哲学の歴史11——論理・数学・言語』，中央公論新社．

飯田隆（2019）．『日本語と論理』，NHK 出版．

伊藤和行（編）（2014）．『コンピュータ理論の起源　第1巻　チューリング』，
　　　近代科学社，佐野勝彦・杉本舞訳・解説．

和泉悠（2018）．「総称文とセクシャルハラスメント」，『哲学』，第2018巻，第69
　　　号，32-43頁．

金子洋之（2006）．『ダメットにたどりつくまで』，勁草書房．

鹿島亮（2009）．『数理論理学』，朝倉書店．

加藤暢・高田司郎・新出尚之（2014）．『数理論理学——合理的エージェントへ
　　　の応用に向けて』，コロナ社．

大西琢朗（2009）．「部分構造論理と論理定項」，『哲学論叢』，第36巻．

小野寛晰（1994）．『情報科学における論理』，日本評論社．

白川晋太郎（2021）．『ブランダム　推論主義の哲学——プラグマティズムの新
　　　展開』，青土社．

照井一成（2015）．『コンピュータは数学者になれるのか？——数学基礎論から
　　　証明とプログラムの理論へ』，青土社．

吉満昭宏（2004）．「C. I. ルイスと様相論理の起源」，『科学哲学』，第37巻，第1
　　　号，1-14頁．

索　引

■著者紹介

大西琢朗（おおにし たくろう）
京都大学大学院文学研究科特定准教授。
2012年，京都大学大学院文学研究科博士課程修了。博士（文学）。
専門は哲学・論理学。
主な著作に，イアン・ハッキング『数学はなぜ哲学の問題になるのか』（金子
洋之との共訳，森北出版，2017年），「間接検証としての演繹的推論」（『科学
基礎論研究』42-2号，2014年），"Logic of Alternative-I"（出口康夫・秋吉亮
太・八木沢敬・山森真衣子との共著，*Asian Journal of Philosophy*, Vol.1,
Issue 2, 2022）がある。

3STEP シリーズ 3　論理学

2021 年 11 月 30 日　初版第 1 刷発行
2024 年 5 月 30 日　初版第 3 刷発行

著　者　大 西 琢 朗

発行者　杉 田 啓 三

〒 607-8494　京都市山科区日ノ岡堤谷町 3-1
発行所　株式会社　昭和堂
振替口座　01060-5-9347
TEL（075）502-7500 ／ FAX（075）502-7501
ホームページ　http://www.showado-kyoto.jp

© 大西琢朗　2021　　　　　　　　　　印刷　亜細亜印刷

ISBN978-4-8122-2104-4

＊乱丁・落丁本はお取り替えいたします。

Printed in Japan